12.71971

Caïn

Figures mythiques

Cette nouvelle collection « Figures mythiques » veut « mettre en scène » les personnages de la Bible, de la mythologie antique et de la littérature occidentale les plus mythifiés, les plus emblématiques de nos valeurs, de nos passions, de notre part maudite. Pour explorer, au travers de ces noms propres, de ces références culturelles - toujours revisitées et renouvelées par le cinéma, le théâtre, l'opéra, la littérature -, l'état et l'évolution de nos sensibilités morales et métaphysiques. Avec les regards croisés - historique, anthropologique, esthétique ou psychanalytique - de quelques auteurs sur des figures fondamentales telles que : Lancelot, Salomé, K., Carmen, Robinson, Œdipe...

Une approche originale, une collection sans équivalent qui intéresse tous ceux que les mythes et leurs réincarnations contemporaines passionnent.

Illustration de couverture : *Caïn* (détail), Fernand Cormon, 1880.

Caïn

DIRIGÉ PAR JACQUES HASSOUN

La coordination de cet ouvrage a été assurée par Sophie Bobbé

Éditions Autrement, *Figures mythiques*

sommaire

Introduction

JACQUES HASSOUN

Au commencement, il n'était pas seulement la Création ou le Verbe. Au commencement, était l'expression d'un désir et la sanction immédiate que sa manifestation entraîne : expulsé du paradis terrestre, le premier couple est condamné à travailler, à enfanter dans la douleur et à mourir. Manière comme une autre de dire qu'il n'est de sujet désirant que mortel. Mais le mythe ne s'arrête pas là : Adam et Ève mettent au monde deux enfants : Abel le berger et Caïn l'agriculteur. Pour des raisons qui restent à éclaircir les prémices offertes par Caïn sont refusées alors que celles d'Abel seront acceptées par le Divin. Caïn tuera Abel. Il sera condamné à vivre sous haute surveillance, à expier sa faute dans l'errance jusqu'à ce que mort naturelle s'ensuive. Mais auparavant il bâtira une ville à qui il donnera le nom de son fils Henoc. Celui-ci aura une nombreuse progéniture, dont Yabal le père des nomades, Tubal-Caïn l'ancêtre des forgerons, et Yubal le premier des musiciens.

Ce mythe aurait pu constituer un bel exemple de mansuétude divine et de réhabilitation d'un criminel coupable de fratricide. Or, notre imaginaire a conservé de Caïn une image négative sinon atroce. Une série de questions s'impose à nous :

- Pourquoi à l'aube de l'humanité fallait-il qu'il y ait du meurtre - et qui plus est un fratricide ?

- Pourquoi fallait-il qu'il y ait d'une part un fils aimé de la divinité et mort sans descendance et un autre qui - assassin -

échappera néanmoins à la sanction et laissera derrière lui des fondateurs de lignées prestigieuses et « socialement utiles » ?

- Pourquoi est-ce qu'Adam et Ève décident - à suivre le texte qui se présente comme fondateur - de faire un troisième enfant qu'ils vont reconnaître comme le seul légitime ?

- Pourquoi la divinité a-t-elle choisi arbitrairement entre l'agriculteur et le berger en privilégiant celui-ci au point de faire subir à Caïn le supplice de l'*envie* ?

Aussi, de la même manière que Mario Brelich décide de confier à Dupin - le génial détective d'Edgar Allan Poe - le soin d'instruire à nouveau le procès de Judas (qui présente de nombreux points de ressemblance avec Caïn), il nous faut aujourd'hui ouvrir le dossier de cet humain trop humain nommé Caïn en proie à un sentiment fraternel - ravageant jusqu'au paroxysme - qui le pousse à commettre un meurtre.

Développons quelques-unes de ces propositions qui nous amènent à nous interroger sur la modernité de ce mythe.

Une double direction de recherche s'impose à nous : d'une part nous avons présenté ici le Mal comme fondateur. Après l'épisode d'Adam et Ève s'opposant au personnage divin par le truchement du *tentateur*, après ce fantasme d'un paradis octroyé et perdu au profit d'un savoir sur la mort et la sexualité (événement que les Gentils ont traduit en termes de péché originel), le texte biblique nous propose d'autre part une réflexion qui, cette fois, ne va pas se référer à la *chute*, mais à un meurtre qui semble avoir été nécessaire pour introduire l'humanité à la socialité. C'est dire que l'harmonie ne saurait caractériser le sujet, mais que ce sont bien plutôt les tensions, les luttes et à l'occasion la violence qui introduisent les catégories de la dette et de la culpabilité au lieu même où le sujet se structure.

Caïn est un meurtrier. Certes, nous pourrions considérer

qu'il a réagi à ce qu'il pouvait considérer comme l'expression d'un caprice divin... mais il n'en demeure pas moins un meurtrier qui dans un premier temps refusera de reconnaître son acte et la gravité de celui-ci. Ensuite, après qu'il a entendu la sentence qui le réduit à l'état de vagabond, de paria, il reconnaît son crime mais craint d'être l'objet non pas d'une autre punition mais d'une vengeance. Il sera rassuré sur son sort. Il sera à tout jamais un *Heimatlos*.

Ainsi donc, si le meurtre semble indispensable, si le fratricide se présente comme situé au principe même de la fondation de la Cité, un autre élément se présente comme structurant : la reconnaissance nécessaire de la faute, même si elle se présente comme une réplique à un acte d'arbitraire.

Ces développements signent l'actualité de ces deux chapitres du livre de la Genèse et ne peuvent pas ne pas nous renvoyer à l'expérience du Mal que ce siècle a connu : les effets de l'idéologie national-socialiste en ses avatars germains, latins et nippons. Il est remarquable de considérer que si l'Allemagne a reconnu sa faute, les autres États qui ont été impliqués dans ce vertige qui les autorisait à expulser de l'humanité tous ceux qu'ils considéraient comme autres, comme *autres dépourvus de toute altérité*, comme des *poux* pour reprendre les termes de Darquier de Pellepoix, ont frappé de déni leur responsabilité et quelquefois même le crime. Situés en deçà même de Caïn, ils sont incapables (ou du moins ils l'ont été durant près d'un demi-siècle) de dire « suis-je le gardien de mon frère ? », puisque cet autre ne pouvait en aucun cas être un frère, fût-il honni, haï, détesté.

Cet autre n'était tout simplement pas. Car le déni du meurtre de l'autre revient à dénier son existence même, dans sa subjectivité d'abord, dans son humanité ensuite, dans son existence enfin.

Dire comme l'a énoncé Freud, lors de sa conférence du 16 février 1915 à la loge Bné Breith de Vienne, sur un mode pessimiste-réaliste que « nous sommes tous issus d'une longue lignée d'assassins » (*in* « Nous et la mort ») revient à énoncer cette double vérité que le mythe de Caïn développe : le meurtre (n')a été commis (qu')une (seule) fois, aussi est-il toujours présent à l'horizon de notre entendement, de notre histoire et de nos processus de subjectivation même, et n'a donc pas besoin d'être répété *réellement*. Mais notre position de sujet exige que ce constat qui met quelque peu à mal une certaine forme d'humanisme empreint d'angélisme béat soit assorti d'une reconnaissance de ce crime, sans laquelle régnerait la répétition esthétisante et infinie de l'assassinat comme manière d'être au monde.

Cette perversion de la culture et de la civilisation, ce refus de reconnaître le crime, sont au principe d'un déni qui ne cesse de mettre en scène au nom de la masse, au nom du culte du même, la part maudite de Caïn en proie à un autre qu'il ne peut reconnaître « comme son frère » et dont il ne peut non plus se défaire. Or, nous l'avons vu, c'est bien parce que Caïn a pu reconnaître sa faute et seulement après qu'une sentence l'eut puni de son crime que ses descendants ont pu fonder les formes d'une société dont nous sommes tous issus.

C'est à cette tâche que psychanalystes, nouvellistes, écrivains, sociologues et théologiens s'attacheront afin de déterminer la nature et le degré de culpabilité de ce premier meurtrier sans lequel l'histoire de l'humanité serait tronquée, mensongère. En effet, que serait un mythe des origines qui ne serait basé que sur le seul sentiment d'amour sinon une monstruosité ?

« Nous sommes tous issus d'une longue lignée d'assassins »[1]

JACQUES HASSOUN

Au début de l'histoire de l'humanité, le mythe biblique évoque le fratricide comme temps fondateur de la culture. Caïn, l'assassin qui a *reconnu sa faute*, va être à l'origine d'une lignée prestigieuse de bâtisseurs, de poètes, de musiciens et de forgerons. Cet épisode de l'histoire humaine ne tend-il pas à trouver sa confirmation dans l'affirmation pessimiste de Freud : « Nous sommes tous issus d'une longue lignée d'assassins » ? Mais n'est-ce pas la reconnaissance de cette faute qui a permis à la civilisation de se constituer ? N'est-ce pas la reconnaissance que *le crime a eu lieu* qui contribue à interdire qu'une funeste répétition ne vienne ensanglanter l'histoire ?

Nous tenterons dans ces pages de tirer l'un des fils qui constitue la trame de notre culture et de notre civilisation : ce fil serait représenté par le *crime* dans l'acception classique du terme tel que le *Littré* le définit : « Très grave infraction à la morale ou à la loi, ou punie par les lois, ou réprouvée par la conscience. Le crime de meurtre, de faux. Un crime politique [...] de trahison, de lèse-majesté[2]. »

Comment le crime traverse-t-il l'histoire ? Comment a-t-il - paradoxalement - représenté l'un des temps forts de la constitution du lien social ? Comment le crime ne cesse-t-il de se représenter dans l'actualité avec son cortège de violence meurtrière ? Autant de questions que nous sommes amenés à prendre en compte dès lors que nous nous interrogeons sur le mythe de Caïn et Abel tel qu'il nous a été transmis par le texte biblique. Le récit de ce drame est inclus dans un ensemble textuel constitué par les premiers chapitres du livre de la Genèse. Il se présente comme le deuxième acte d'une histoire essentielle de notre culture et nous somme d'interroger la structure de l'un des mythes fondateurs de l'humanité.

« Au commencement, dit le texte du Pentateuque, Élohim créa... » Ce temps est celui d'un récit cosmogonique qui nous conduit à affirmer qu'au principe de l'histoire de l'humanité il était d'abord et avant tout une rupture dans ce que Lacan appelle « un repos repu d'un septième jour colossal ». En proie à une inactivité radicale, Adam et Ève n'ont qu'à tendre la main pour se nourrir. Immortels, ils sont au centre d'un temps immobile et vivent dans une redoutable félicité, dans un bonheur sans partage, dans une *stase* qui aurait dû les ravir, dans le jardin d'Éden.

Sauf que... et c'est à cet endroit que l'histoire se noue, le divin place une limite au sentiment océanique de leur bonheur : il énonce un interdit. Comme dans les contes de fées, comme dans les histoires cruelles dont les enfants raffolent - et comment ne pas penser au récit de Barbe-Bleue -, ces versets énoncent un interdit qui se révélera être le premier d'une longue série.

Cette césure sera fondatrice et va représenter le véritable « au commencement » du sujet : Ève par le truchement du serpent va découvrir le désir et Adam le gardien du jardin d'Éden[3] sera pris dans cette délicieuse transgression, dans cet *ec-stase* qui lui fera outrepasser les limites édictées par celui qui le tira de la poussière de la terre. C'est alors et alors seulement qu'Adam va pouvoir nommer sa femme - Hava (Ève) - car « elle fut la mère de tout vivant *(haï)* » et acquérir un savoir sur la nudité, sur la différence des sexes et sur la mort. Ainsi donc, Adam et Ève, expulsés du paradis terrestre, sont condamnés à travailler, à enfanter dans la douleur et à mourir. Manière comme une autre de dire qu'il n'est de sujet vivant, de sujet désirant, que mortel, que confronté à cette scansion que représente la mort.

Cet acte considérable, cette rupture introduit tout à la fois le temps, la diachronie, le jeu de l'absence/présence[4], l'interrogation sur une séparation fondatrice et sur le libre arbitre, qui vont désormais caractériser l'humain.

La fatalité de la faute

Mais à ce temps premier va venir s'adjoindre un second, celui de la naissance de Caïn - dont le nom signifie « celui qui a été acquis » - puis d'un deuxième enfant qui sera appelé Abel (en hébreu, Hével) dont le nom évoque la légèreté mais aussi, fort étrangement, la vanité des choses[5].

La suite, nous la connaissons : Caïn sera celui qui travaillera la terre, cependant qu'Abel sera le berger, le pasteur qui préfigure les patriarches Abraham, Isaac et Jacob, ses trois lointains petits-neveux. À ce titre, il fondera une activité dont rien ne laissait prévoir jusqu'ici l'existence, cependant que Caïn travaillera la glèbe d'où ses parents furent extraits, la glèbe qui fut maudite lors de la grande colère divine.

Dès lors, le drame se noue. Pour des raisons obscures, l'offrande de Caïn sera refusée, cependant que celle d'Abel sera acceptée. Cette injustice poussera Caïn à tuer son frère. Il ne sera pas condamné à mort mais à un châtiment pire que la mort. Marqué, distingué de tous les autres humains, il sera celui qui est désigné aux yeux de tous comme un criminel et qui ne devra en aucun cas être tué. Cette redoutable distinction sera doublée d'une étrange promesse : celui qui attentera à la vie de ce *protégé* sera « puni sept fois ». Dès cet instant, Caïn semble devoir préfigurer - comment ne l'a-t-on pas perçu jusqu'ici - ceux qui sont marqués pour être distingués des autres, les présumés innocents[6]. Il est *le* coupable, celui qui porte sur lui une énorme faute mais dont l'existence néanmoins devra être tolérée car il signale, dès l'aube de l'humanité, la présence des assassins au sein de la société. Il pourra même convoler (avec sa sœur jumelle, selon certaines traditions). De cette union Caïn aura un fils, Henoc (dont le nom signifie « inauguration » mais aussi « consécration »), à qui il bâtira une ville, qui portera le nom de cet enfant. Puis,

> *Henoc engendra Irad, Irad engendra Mehuyaël, Mehuyaël engendra Metuschaël, et Metuschaël engendra Lemekh. Lemekh prit deux femmes : le nom de l'une était Ada, le nom de l'autre Tsilla. Ada enfanta Yabal ; il fut le père de ceux qui habitent sous des tentes et près des troupeaux. Le nom de son frère était Yubal ; il fut le père de tous ceux qui jouent de la harpe et du chalumeau. Tsilla, de son côté, enfanta Tubal-Caïn, qui forgeait tous les instruments d'airain et de fer. La sœur de Tubal-Caïn était Naama* (Gn 4,18-22).

De la descendance de cette prestigieuse lignée, fondatrice de la civilisation, nous ne saurons rien. Sinon que Lemekh, pris dans une sombre fatalité, boucle la boucle et tue deux hommes, ce qui lui fait dire à ses femmes :

> *Ada et Tsilla, écoutez ma voix !*
> *Femmes de Lemekh, écoutez ma parole !*
> *J'ai tué un homme pour ma blessure, et un jeune homme pour ma meurtrissure.*

Caïn sera vengé sept fois, et Lemekh soixante-dix-sept fois (Gn 4,23-24).

Selon le grand commentateur champenois du XIe siècle, Rabbi Shelomo ben Isaac, dit le Rashi, Lemekh tua son ancêtre Caïn et son fils Tubal-Caïn. Transgression extrême de l'interdit du meurtre puisque l'assassin choisira ses victimes dans sa propre lignée, remontant et descendant le cours du temps et utilisant comme arme, toujours selon le Rashi, une épée forgée par son propre fils. À la suite de cet acte terrible il se révèle sous un nouvel aspect : celui d'un barde qui chante sa douleur, d'un poète qui fait appel à une sentence ancienne - qu'il venait de violer - pour présenter sa défense.

Un roman familial

Situé au commencement du Livre fondateur de notre culture, ce mythe apparaît comme un roman familial auquel chacun de nous est amené à se référer. Placés dans la situation de Freud confronté à la fable anthropologique et structurante du Meurtre du père, nous sommes amenés à nous poser une série de questions :

- Pourquoi à l'aube de l'humanité fallait-il qu'il y ait d'abord un crime, ensuite un meurtre, un fratricide ?

- Pourquoi fallait-il qu'il y ait deux fils : l'un aimé de la divinité et mort sans descendance, et l'autre, l'assassin qui au prix d'une terrible punition fondera une lignée prestigieuse par son utilité sociale, composée de pasteurs, de joueurs de harpe, de forgerons et enfin de poètes ? Faut-il en déduire que nous avons tous une dette à l'égard de ce criminel ?

- Et enfin, pourquoi la divinité a-t-elle choisi arbitrairement entre l'agriculteur et le berger en privilégiant celui-ci au point de faire subir à Caïn le supplice de l'envie ? N'est-ce pas pour avoir offert en sacrifice les fruits de la glèbe qu'il fut l'objet de la malédiction divine ? Et offrir les produits de la terre, n'est-ce pas provoquer la colère du Divin, en lui signifiant que l'une de ses créatures accepte sa condition d'homme, condamné à travailler à la sueur de son front ? N'est-ce pas l'un des nombreux défis que Caïn lança à Dieu[7] ?

À cet endroit, une double direction de recherche s'impose à nous : comment concevoir une violence fondatrice ? Que devient l'harmonie présentée comme un idéal par la plupart des religions ?

Après l'épisode d'Adam et Ève s'opposant au personnage divin par le truchement du *tentateur*, après ce fantasme d'un paradis octroyé et perdu au profit d'un savoir sur la mort et la sexualité (événement que les Gentils ont étrangement traduit en termes de « péché originel »), le texte biblique nous propose une autre réflexion qui, cette fois, ne va pas se référer à la *chute*, mais à un meurtre qui semble avoir été nécessaire pour introduire l'humanité à la socialité, en éloignant d'elle la divinité. À suivre le rabbin Israël Lévi, les commentateurs du Bereschit Rabba 19 (Pesiktaa, 16 b) et du Bamidbar Rabba vont dans ce sens. Usant d'une élaboration qui décrète que les événements sont prédéterminés, ils déclarent que la présence visible de la divinité (la Schekhina) quitte ce monde après la chute pour remonter au premier firmament puis s'éloigne de degré en degré avant même le crime de Caïn... les turpitudes de la génération d'Enos... et de celle du Déluge, prévoyant *par avance* la cascade de transgressions et de crimes que l'humain commettra à partir de l'acte inaugural de Caïn.

C'est dire que, d'emblée, l'idée s'impose que l'harmonie ne saurait caractériser le sujet, mais que ce sont bien plutôt les tensions, les luttes et à l'occasion la violence qui, en repoussant la présence du divin loin de l'humain, introduisent les catégories de la dette et de la culpabilité au lieu même où le sujet se structure. Un bref détour par deux éléments radicalement hétérogènes à cette culture nous permettront d'apporter quelques éléments de réponse à nos questions et nous amèneront à donner consistance à l'hypothèse de l'universalité du mythe que fonde l'histoire de Caïn et Abel.

Romulus et Remus, les *fils de la louve* - certains diront d'une prostituée - fondent une ville. Un conflit éclate entre eux. Romulus souhaite bâtir Rome sur le Palatin, Remus (« le lent ») sur l'Aventin. Romulus trace le sillon qui délimite et protège symboliquement la future ville palatine. Remus pour démontrer l'inanité de cet acte fondateur franchit d'un saut la dérisoire protection que constitue ce fossé. Pour le punir de cet acte sacrilège, Romulus assassine son frère, puis l'enterre sur l'Aventin... obscur objet du désir de Remus, obscur objet de leur conflit. Rome sera ensuite peuplée de hors-la-loi en rupture de ban et ses habitants fonderont leur lignée en enlevant des femmes - les Sabines - à un peuple étranger, au point de déclencher une guerre féroce et interminable. C'est sur ce fond de violence que Romulus dotera Rome de ses institutions civiles et religieuses avant de disparaître à l'âge de cinquante-quatre ans lors d'un orage particulièrement violent. Certains diront qu'il fut assassiné, mais seule la version de la disparition fera partie du mythe fondateur de Rome.

Il est remarquable de considérer d'ailleurs que le destin de Romulus semble d'une certaine manière concentrer en lui les deux événements qui encadrent le texte biblique : le meurtre du frère dans le livre de la Genèse d'une part, et la disparition de Moïse, mort sans qu'aucun lieu de sépulture lui soit assigné. En effet, c'est ainsi que les derniers versets du Pentateuque décrivent la mort du *sage législateur*, du *prophète incomparable que fut Moïse* : « Moïse, le serviteur de l'Éternel, mourut » après qu'il eut subi les pires contestations, les révoltes, les injures et les sarcasmes de la part du peuple qu'il avait libéré - « dans le pays de Moab » - selon l'ordre de l'Éternel. Et celui-ci, dit l'auteur des dernières lignes du Pentateuque au moment de clore ce texte fondateur, « l'enterra dans la vallée, au pays de Moab, vis-à-vis de Beth-Peor. Personne n'a connu son sépulcre jusqu'à ce jour. [...] Il n'a plus paru en Israël de prophète semblable à Moïse, que l'Éternel connaissait face à face. Nul ne peut lui être comparé pour tous les signes et les miracles que Dieu l'envoya faire en pays d'Égypte. [...] Et pour tous les prodiges de terreur que Moïse accomplit à main forte sous les yeux de tout Israël. » (Dt, 34 ;5-10,12.)

Une constance du crime

Ainsi, tout semble concourir à ce constat : des premières aux dernières pages du texte pentateutique dont procèdent les cultures juive et chrétienne, le meurtre, la transgression, la faute, la disparition des hérauts (ou de leur sépulture) jalonnent un récit qui sans complaisance dévoile la vérité du sujet. Que le lien social, que la Cité ait à prendre en compte qu'il n'est pas d'idéal qui ne soit pris dans ces tensions servira de fil rouge à notre réflexion. Nous pouvons trouver un écho remarquable de cette hypothèse dans l'œuvre de Karl Marx, qui traite sur un mode grinçant de la question du crime et de sa fonction sociale dans *Le Capital* (au chapitre « Théorie de la plus-value ») :

Le criminel produit des crimes. Si on regarde de plus près les rapports qui existent entre cette dernière branche de production et la société dans son ensemble, on reviendra de bien des préjugés. Le criminel ne produit pas que des crimes : c'est lui qui produit le droit pénal, donc le professeur de droit pénal. [...]

Plus : le criminel produit tout l'appareil policier et judiciaire : gendarmes, juges, bourreaux, jurés, etc., et tous ces divers métiers, qui constituent autant de catégories de la division sociale du travail, développent différentes facultés de l'esprit humain et créent en même temps de nouveaux besoins et de nouveaux moyens de les satisfaire. [...]

Le criminel crée une sensation qui participe de la morale et du tragique, et ce faisant il fournit un « service » en remuant les sentiments moraux et esthétiques du public. Il ne produit pas que des traités de droit pénal, des codes pénaux et, partant, des législateurs de droit pénal : il produit aussi de l'art, des belles-lettres, voire des tragédies, témoins non seulement La Faute *de Müllner et* Les Brigands *de Schiller mais aussi* Œdipe *et* Richard II. *Le criminel brise la monotonie et la sécurité quotidienne de la vie bourgeoise, la mettant ainsi à l'abri de la stagnation et suscitant cette incessante tension et agitation sans laquelle l'aiguillon de la concurrence elle-même s'émousserait. Il stimule ainsi les forces productives ! [...]*

En trouvant sans cesse de nouveaux moyens de s'attaquer à la propriété, le crime fait naître sans cesse de nouveaux moyens de la défendre, de sorte qu'il

donne à la mécanisation une impulsion tout aussi productive que celle qui résulte des grèves.
En dehors du domaine du crime privé, le marché mondial serait-il né sans crimes nationaux ? Et les nations elles-mêmes ? Et depuis Adam, l'arbre du péché n'est-il pas en même temps l'arbre de la science ?

Cette constance du crime comme misc en scène fondatrice de la société n'est pourtant pas limitée aux cultures qui se réclament du texte biblique ou des mythologies méditerranéennes. C'est ainsi qu'Alban Bensa, dans son article « L'auto-sacrifice du chef dans les sociétés kanakes d'autrefois », met en évidence que le chef des tribus kanakes est généralement un étranger, un migrant à qui l'on transmet un nom de lignage local. Ce chef sera « autochtonisé » par l'ingestion cannibalique de corps d'hommes issus d'un lignage de son clan d'adoption et qui sont métaphoriquement désignés comme la « part carnée du tas de dons cérémoniels ». Grand était alors le prestige du lignage qui offrait au chef une victime car celui qui est offert en sacrifice n'cst rien, « mais ce rien importe car sa chair deviendra aussi celle du chef ». Quelquefois même, « un lignage entier va s'offrir en sacrifice à l'ennemi pour arrêter une guerre : ceux-là, on les appelle les faiseurs de paix ». Mais, chaque fois qu'un chef meurt, la « fabrication du chef » se trouve remise en question. « Le chef défunt devient l'ancêtre du groupe mais le terroir perd celui qu'il a, durant toute une vie, transformé en ancêtre local, en autochtone. » Il est remarquable de considérer que le chef pouvait - en certaines circonstances - présider à son remplacement en organisant son propre sacrifice. Devenu à son tour victime, il se sacrifie avec l'accord de ses « oncles maternels » et restitue aux maîtres de la terre le titre que ceux-ci lui avaient confié. C'est ainsi que d'une certaine manière il va anéantir l'étranger qu'il avait été lui-même en s'autochtonisant, c'est-à-dire aussi en mourant pour ce peuple qui l'a reçu. C'est alors que sa famille quittera la chefferie et redeviendra étrangère car « le fils ne peut succéder au père tué, ne peut régner là où le sang paternel a coulé ».

Cette vision kanake du monde nous conduit à nous interroger sur la parenté structurelle qui existe entre le mythe de Caïn et Abel, celui de Romulus et Remus et ce qu'Alban Bensa désigne des termes « auto-sacrifice du chef ». Nous l'avons mis en évidence : l'ancêtre exilé d'une lignée de bâtisseurs pour les Hébreux, le fondateur de la Cité romaine pour les Latins, furent des criminels, des fratricides, cependant que le chef kanak, un étranger « autochtonisé », sera désigné à cette place par l'ensemble de la tribu grâce à un cannibalisme rituel. Situation qui créera comme une dette qui l'amènera à se sacrifier pour assurer à ceux qui l'ont mis à cette place la continuité de la chefferie. Reste que cette double référence, apparemment fort étrangère à notre point de départ, nous permet d'énoncer que, sous différentes formes, le récit que nous ont légué les rédacteurs yahvistes[8] du Pentateuque (970-931 avant l'ère chrétienne, à l'époque du roi Salomon) s'inscrit avec une remarquable constance dans les mythes qui président à l'apparition des grands fondateurs : leur pouvoir procède d'un sacrifice, d'une mort violente, d'une discontinuité, cependant que leur disparition représente la garantie qu'une société composée de sujets différenciés, quelconques et incomparables tout à la fois peut inclure dans son mythe des origines l'histoire de ce meurtre.

Ainsi donc, si le meurtre semble indispensable, si le fratricide se place au principe même de la fondation de la Cité et se présente comme indispensable à la culture, un autre élément devra représenter le point nodal de la structure : la reconnaissance nécessaire de la faute, même si elle n'intervient qu'en réplique à un acte d'arbitraire.

Reconnaître la faute

Une remarque s'impose. Toute faute - contrairement à ce qu'énonce le christianisme - n'est pas un péché : *la faute relève d'une injure faite à l'autre, d'une injure que la Cité est amenée à gérer - et à punir*[9]. Et d'ailleurs, Caïn le meurtrier n'a pas été traité comme un pécheur par son interlocuteur divin. Son « nom n'a pas été effacé » et sa descendance a offert aux enfants d'Adam toutes les formes possibles d'art. Cette reconnaissance qu'un meurtre a eu lieu constituera l'une des composantes du lien social qui permettra à la descendance d'un *ancêtre* de se présenter comme susceptible de permettre aux habitants de la Cité de dominer la nature et, dans le même mouvement, d'entrer dans le monde de la culture. Aussi ce crime premier, reconnu et désigné comme tel, va-t-il être au principe de ce qui fonde une lignée de sujets différenciés et non pas de chefs et encore moins de saints[10]. Il a fallu cette phase du meurtre accompli par un ancêtre pour que l'acte de fondation soit reconnu dans son exemplarité, dans son exceptionnalité même. Aussi, tout déni porté à l'endroit d'un acte de fondation relève-t-il d'une funeste perversion propre à projeter la société dans une mortelle et dérisoire répétition.

Ce meurtre, nous devons maintenant le lire comme une tragédie dont les protagonistes exemplaires et nécessaires sont l'animal totémique sacrifié, le sacrificateur Abel, le meurtrier Caïn et le récitant-témoin en l'espèce du personnage divin.

Cet ensemble est au centre même du drame dans lequel Caïn et Abel s'affrontent. Drame qui semble devoir se représenter aux temps des crises sociales, remettant à l'ordre du jour ce qui cesse d'être symbolique/mythique pour se rejouer dans le réel.

Ce propos pourrait paraître cynique mais, à l'instar de Freud, nous devons bien convenir que nous sommes bel et bien issus « d'une longue lignée d'assassins ». En fait, cette proposition est réaliste dans son pessimisme outrancier, dans la mesure où elle revient à énoncer cette double vérité que le mythe développe : le meurtre (n')a été commis (qu')une (seule) fois, il ne doit structurellement n'être commis qu'une seule fois, aussi est-il toujours présent à l'horizon de notre entendement, de notre histoire et de nos processus de subjectivation même. À ce titre, il n'a donc pas besoin d'être répété *réellement*. Mais notre position de sujet exige que ce constat qui met quelque peu à mal une certaine forme d'humanisme empreint d'angélisme béat soit assorti d'une reconnaissance de ce crime, sans laquelle régnerait la répétition esthétisante et infinie de l'assassinat comme manière d'être au monde, position que beaucoup, de Nietzsche dans *Loi contre les chrétiens*, à Hermann Hesse dans *Demian*, en passant par Byron, Mickiewicz, Lautréamont, Nerval, Leconte de Lisle ou Sacher-Masoch, ont tenté de tenir, constituant Caïn en modèle sublime, déniant la part maudite qui est au principe même de l'acte et de ce qui constitue sa portée : la reconnaissance de la faute.

Arrivé à ce point, nous pouvons dire que le malaise actuel qui règne dans la civilisation révèle l'actualité de ce chapitre du livre de la Genèse et nous renvoie à l'expérience du Mal que ce siècle a connu : les effets de l'idéologie national-socialiste en ses avatars germains, latins et nippons[11], en ses avatars actuels aussi, où l'on voit sur un même espace, en un même temps, se détruire des *frères*[12] qui présentent la terrible qualité, le terrible défaut, d'être différents.

Les lois raciales du *Reich* allemand d'abord, de l'Italie fasciste ensuite (lois raciales du 14 juillet 1938, parues dans *Il Giornale d'Italia* sous le titre « Il fascismo e i problemi della rassa »), des pays occupés enfin (qui souvent, comme dans le cas de la France de Vichy, ont devancé le désir des occupants), ont d'abord eu pour but de distinguer et de marquer les indiscernables, les presque-différents, les pas-tout-à-fait-différents qu'étaient les juifs. S'autoproclamant race des Seigneurs, se plaçant en lieu et place de la divinité, *ils* se sont arrogés le droit de désigner les Caïns de leur histoire. Étrange retournement né d'un enseignement du mépris qui a identifié Caïn à Judas, et Judas à l'ensemble du peuple juif, retournement tragique dans son essence, qui représenta pour les pays où il fut pratiqué une catastrophe éthique qui transforma un groupe de citoyens en assassins potentiels ou réels déniant à l'autre son existence même. Ces assassins n'étaient pas le double de Caïn, car ils ont toujours dénié leur faute. Arrêtés, inculpés, ils ont rarement reconnu leurs crimes et se sont systématiquement désintéressés du sort qu'ils ont fait subir à ceux dont ils ont souhaité l'éradication.

Pourtant, il est remarquable de considérer que si l'Allemagne a reconnu sa faute, les autres États qui ont été impliqués dans ce vertige qui les autorisait à expulser de l'humanité tous ceux qu'ils considéraient comme autres, comme *autres dépourvus de toute altérité*, comme des *poux* pour reprendre les termes du sinistre commissaire aux affaires juives de l'État français, Darquier de Pellepoix, ont frappé de déni leur responsabilité et quelquefois même leur crime.

Situés en deçà même de Caïn, ces assassins vivant de leur

déni sont aujourd'hui incapables de dire « suis-je le gardien de mon frère ? », puisque l'autre ne pouvait en aucun cas être un frère, fût-il honni, haï, détesté. Expulsé de l'humanité par ceux qui prônent le massacre de masse, cet autre n'existait tout simplement pas. Car le déni du meurtre revient à dénier l'existence de l'autre dans sa subjectivité d'abord, dans son humanité ensuite, dans son existence enfin.

Répétition dans la civilisation

Cette insistance dans la civilisation du personnage du criminel est remarquable.

C'est ainsi que dans *Le Monde* du 24 avril 1996 nous lisons sous l'intitulé « Il y a cinquante ans dans *Le Monde* » cette réflexion de Francis Cadour, datée du 24 avril 1946 :

> *L'immigration sur notre sol n'avait jamais jusqu'à présent fait l'objet d'une politique d'ensemble. Qu'on ait eu à le déplorer, le seul fait qu'on ait pu parler dans les années d'avant guerre d'un « problème » des étrangers suffit à le rappeler : formation de colonies étrangères inassimilables ethniquement, socialement, ou politiquement ; encombrement par les étrangers des professions libérales et commerciales pour lesquelles ils n'avaient pas été sollicités ; forte proportion des immigrés dans les statistiques de morbidité et de criminalité ; courants de xénophobie aigrissant la conscience nationale. De tout cela, le gouvernement n'a pas manqué de tirer la leçon. [...]*
>
> *Reconstruire et rééquiper le pays, satisfaire des besoins immenses, telle est la tâche gigantesque à laquelle doit*

s'attaquer une population active diminuée et fatiguée par la guerre et mal outillée. [...]
On pourrait objecter que la reconstruction est l'affaire d'une main-d'œuvre de qualité plutôt que nombreuse. Mais ceci n'infirme en rien la nécessité d'un supplément de main-d'œuvre que le commissariat au Plan et le ministère du Travail évaluent à deux millions de travailleurs.

Cependant que, comme en écho à ce texte involontairement cynique, dans *Le Monde* du 23 avril 1996, Sami Naïr rappelle que :

Depuis la fin des années 70, la société française semble s'enfoncer lentement mais sûrement dans la balkanisation sociale et culturelle : les rapports sociaux « s'ethnicisent » progressivement, la laïcité doit faire face au renouveau des identitarismes confessionnels. La xénophobie, le racisme et l'antisémitisme tendent à se banaliser. Le modèle républicain lui-même, à vocation universaliste et assimilatrice (l'une impliquant l'autre), apparaît de plus en plus sur la défensive. Dans cette situation, l'immigration joue le rôle d'un profond révélateur. Dès son arrêt officiel (1974), l'immigration a été construite dans la rhétorique dominante comme un « problème-obstacle » c'est-à-dire un problème qu'on cherche non à résoudre mais à reproduire à des fins partisanes. Considérés comme trop exogènes culturellement, les immigrés interrogeaient en profondeur l'identité française. Pour les uns, surtout à gauche, leur « assimilation » est mal venue parce qu'elle fait écho à une vision du monde dépassée, « jacobine » et pleine de relents coloniaux ; pour les

> *autres, surtout à droite, elle est impossible car les immigrés, surtout ceux de confession musulmane, sont « porteurs » d'un système de mœurs et de croyance incompatible avec la tradition française.*

Beaucoup pourraient trouver abusive la mise en perspective de ces deux textes, pourtant leur parenté s'impose insupportablement. En effet, cette manière d'éliminer l'autre, le plus proche déclaré soudain le plus lointain, le plus haïssable, se trouve être contemporaine aujourd'hui du retour d'un prédicat qui énonce que « le meurtre n'a pas eu lieu », ou pire que « le meurtre n'a pas eu lieu avec cette ampleur, donc il n'a pas eu lieu ». Faute d'avoir pris au sérieux au fil des décennies de tels propos, faute de les avoir considérés comme justiciables d'une sanction inséparable de tout travail de deuil, la faute a été le plus souvent réduite à un péché. Dès lors, beaucoup se sont contentés, au mieux, de battre leur coulpe, de formuler des actes de contrition qui ne peuvent avoir la qualité d'*acte* que par euphémisme ou par approximation, ou pire, de demander aux victimes des lois de Vichy (ou des massacres de Sétif) de pardonner à leurs persécuteurs, sans que ceux-ci se donnent la peine de demander ce pardon[13]. Cette attitude interdit l'accomplissement du passage au symbolique que la faute implique : la reconnaissance du déni de l'existence même de l'autre, la reconnaissance de cette perversion dont une société a été la proie et qui risque de détruire ses mythes fondateurs (liberté, égalité, fraternité) par la répétition de l'exclusion de l'autre qu'elle ne cesse de promouvoir.

Cette répétition ne saurait pourtant se résoudre dans une quelconque culpabilisation à l'endroit de ceux qui excluent. Jouer le rôle du censeur qui se contente d'interroger périodiquement « qu'as-tu fait de ton frère, de cet autre, le plus proche que tu dénies ? » ne peut que barrer la route à la possibilité de tenir l'énonciation même de Caïn - « mon châtiment est trop grand pour être supporté » - à partir de laquelle la question de la culpabilité et de la faute peut être remise au travail dans la Cité.

En définitive, le meurtre, la culpabilité et la punition du premier meurtrier nous permettent de considérer que ces actes ont représenté un temps structurel dans l'histoire de l'humanité, sans lequel celle-ci - commandée par le *seul* sentiment d'amour - vivrait selon une idéologie tronquée, mensongère, fallacieuse. Nous le savons : les prédicats qui n'ont pris en compte que *la seule dimension de l'amour* ont été au principe des pires violences, de la même manière qu'une histoire consensuelle qui tend à gommer les différences suscite aux marges de la société la *haine*, c'est-à-dire non pas l'envers de l'amour, comme cela est généralement soutenu, mais bien au contraire l'absence radicale de tout sentiment d'amour sans lequel pourtant aucun lien social ne saurait tenir.

C'est donc l'ensemble [reconnaissance de l'autre - celui que le texte pentateutique nomme le « frère » -, des tensions sociales et de l'amour qui doit toujours être limité par la loi] qui permet de prendre en compte le Mal qui est au travail dans la société, non pas pour le dénier mais pour le reconnaître à l'endroit même où il agit : à l'endroit de l'altérité de l'autre et de sa subjectivité. Cette reconnaissance ne relève pas de la culpabilisation des criminels mais de la sanction. C'est alors, et alors seulement, que l'effet de ce discours est susceptible d'introduire cet élément tiers, symbolique, propre à mettre à mal les relations spéculaires, les face-à-face haineux dans lesquels l'un détruit l'autre au nom de la sauvegarde de sa propre image. Le lecteur l'aura donc compris : le personnage de Caïn représente l'*humain trop humain* en proie à un autre qu'il ne peut reconnaître comme son *frère* qu'en l'assassinant. Aussi, la reconnaissance de cette faute et la sentence qui ont puni le premier assassin de son crime ont permis à ses descendants - avant de disparaître de la scène - de fonder les formes d'une société dont nous sommes tous issus[14].

Tout déni de ce parcours représente une perversion de la culture et de la civilisation et aurait pour conséquence un désaveu qui ne cesse de faire retour au nom du refus du presque-différent, du *frère*, de l'autre. La terrible litote par laquelle un personnage aussi considérable que Heidegger a pu désigner son adhésion au nazisme de 1933 à 1945, en la qualifiant de « bêtise » et non pas de « faute » en dit long sur cette difficulté qui semble être la chose la mieux partagée du monde : la difficulté de reconnaître sa culpabilité.

Une réplique au silence

Mais il nous faut conclure. Aussi allons-nous revenir une fois de plus sur le drame qui opposa Caïn à Abel. Le lecteur familier du Pentateuque aura peut-être été frappé par une séquence qui me semble à tous points de vue remarquable. Lors du face-à-face qui dresse un frère contre l'autre, le texte dit que « Caïn adressa la parole à son frère Abel ; mais comme ils étaient dans les champs, Caïn se jeta sur son frère Abel, et le tua » (Gn 4,8). Rashi qui n'est pas à un commentaire, à une interprétation ou à une extrapolation près, écrit que selon la *légende* (le terme est de lui), Caïn se répandit lors de ce face-à-face en amers reproches à l'endroit de son frère mais, ajoute le commentateur champenois, rien dans la lecture du texte ne peut venir donner consistance à cette hypothèse (faute de témoin). Qu'ont pu se dire Caïn et Abel ? Que n'ont-ils pu se dire ? Dans cet endroit maudit représenté par l'espace agricole, l'absence de témoin semble rendre impossible qu'une parole soit tenue et restituée fût-ce au titre de fiction ou de récit canonique. Le secret de cette discussion entre les deux frères restera à jamais inviolé. Nous pourrions imaginer qu'Abel, le taciturne (pas une phrase, pas un mot ne lui sont attribués dans le Pentateuque), s'est présenté dans le territoire de Caïn sans s'être annoncé, et que le face-à-face entre les deux frères s'est déroulé en l'absence du Divin qui semble s'être éclipsé de l'histoire comme il le fait à chaque crise que l'humanité traverse [15].

Abel serait donc le muet, le meurtri dont la mort violente ne cesse - depuis que le texte qui relate sa geste a commencé à circuler - d'être la figure emblématique de la sidération du sujet face à la violence de l'autre et de l'absence radicale du Divin, dès lors que l'injustice va se perpétrer. C'est à ce titre qu'Abel et Caïn ont suscité des récits contradictoires, des fictions qui semblent prendre la parole à l'endroit du silence absolu d'Abel et de l'acte criminel de Caïn.

Et cette contribution à l'étude du drame au cours duquel s'opposèrent Caïn et Abel en serait l'illustration.

notes

1. S. Freud, « Nous (juifs) et la mort », conférence présentée à la loge Bné Breith de Vienne le 16 février 1915, parue dans le périodique *Zweimonats-Bericht für die Mitglieder der österreichisch-israelitischen Humanitätsvereine B'nai B'rith* (vol. 18, 1915, nº 1) et publiée (après qu'elle fut devenue introuvable) par Bernd Nitzchke dans *Die Zeit* nº 30, 20 juillet 1990.
2. « Il y a quatre sortes de crimes : ceux qui de la première espèce choquent la religion ; ceux de la seconde, les mœurs ; ceux de la troisième, la tranquillité ; ceux de la quatrième, la sûreté des citoyens. »

Montesquieu, *Esprit des lois*, XIII, in Littré, *Dictionnaire de la langue française*, tome I, Monte-Carlo, éd. du Cap, 1974.

3. Genèse 2,15.
4. Que le verset de la Genèse met en scène quand Dieu se met à la recherche d'Adam et que celui-ci se cache.
5. *Cf.* l'Écclésiaste 1,1, « *Havel havélim... hakol havel* - vanité des vanités... tout est vanité. »
6. « Cette bombe, dira en 1980 un ministre après l'attentat de la rue Copernic, n'a tué que des Français innocents. »
7. Ou encore... pouvons-nous imaginer ce qu'a pu représenter pour Caïn le fait de travailler la terre... la matière qui avait servi à façonner le corps de ses parents... N'est-ce pas là sa vraie transgression ?
8. La critique biblique distingue trois groupes de rédacteurs de la Bible (appelés en hébreu les « Vingt-Quatre Livres » et que les Gentils appellent l'« Ancien Testament ») : les Yahvistes (les plus anciens), les Élohistes et les Sacerdotaux ; les rédacteurs du Deutéronome formant un groupe spécifique.
9. Philon d'Alexandrie d'abord, les juristes juifs ou musulmans du Moyen Âge arabe ensuite, ont fort bien entendu la distinction entre la notion de *péché* qui ne concerne que le rapport de l'humain au divin et celle de *faute* qui met toujours en jeu - et en danger - le lien social. C'est ainsi que Maïmonide affirmera que le pécheur ne saurait être puni à moins que ses actes n'introduisent le scandale dans la Cité, cependant que celui qui commet une faute contre son prochain devra quant à lui être admonesté, puni, sinon banni par les anciens de la congrégation.
10. Peut-on seulement imaginer une lignée de saints... en dehors des cas douteux de marabouts musulmans ou des tzaddikim juifs faiseurs de miracles qui sont tenus en haute suspicion par l'orthodoxie islamique et juive ?
11. Encore que l'idéologie impériale nippone - comme il sera mis en évidence dans ce volume - présente des différences structurelles importantes avec les différentes formes de fascismes européens.
12. Comme ce fut le cas en Bosnie.
13. C'est ainsi que Gabriel Marcel conviait les juifs, au sortir des persécutions, à se montrer « discrets dans leurs revendications » (Gabriel Marcel, « Lendemain de persécution », in *Témoignage chrétien*, 21 octobre 1944, en première page. Cité par Henry Rousso, *Le Syndrome de Vichy de 1944 à nos jours*, Paris, Le Seuil, 1987, p. 135), propos auquel André Weill-Curiel donne un écho désabusé : « Ne fais pas étalage de tes droits, c'est un abus ; n'arbore pas tes décorations, c'est un défi [...]. Fais en sorte que les bons Français de France qui espéraient ne plus te revoir oublient que tu existes. » (André Weill-Curiel, *Règles de savoir-vivre à l'usage d'un jeune juif de mes amis*, Paris, Le Myrte, 1945. Cité par Renée Poznanski, *Être juif en France pendant la Seconde Guerre*

mondiale, Paris, Hachette, coll. « La vie quotidienne, l'histoire en marche », 1994, p. 671.)

14. Cette disparition des descendants de Caïn est remarquable. Les commentateurs traditionnels font remarquer que toute cette séquence représenterait comme la « pré-histoire » de l'humanité qui accéderait à l'histoire proprement dite après la destruction de la tour de Babel, après le Déluge, au moment où Abraham, le premier patriarche, entre en scène.

15. Cette éclipse de la divinité a été prise en compte par les rédacteurs du canon biblique juif : le livre d'Esther inclus tardivement dans les *Vingt-Quatre Livres* ne porte nulle part la mention du Divin ou de l'un de ses représentants. En effet, selon la tradition, Dieu s'est absenté de l'histoire juive après la destruction du Premier Temple. Cette interprétation en *après-coup* a fortement troublé les théologiens juifs du XXe siècle qui n'ont pu que constater l'absence radicale du Divin lors de la grande destruction du judaïsme européen de 1942 à 1945 (comme il a été absent, radicalement absent, lors de toutes les tribulations que connut « le petit reste du peuple de Dieu » lors des croisades, des destructions des communautés médiévales de Blois, de York, de Worms, de Spire, de Mayence, de l'expulsion d'Espagne ou des pogromes polonais du XVIIe siècle). Ce premier silence de Dieu, alors qu'un meurtre allait s'accomplir, ne représente-t-il pas un paradigme universalisable qui nous permet d'attribuer à la divinité la qualité de grand absent (de l'histoire), d'in-existant ? Citons à titre d'illustration le poème de Leconte de Lisle, « Quaïn » :

Dieu triste, Dieu jaloux qui dérobes ta face,
Dieu qui mentais, disant que ton œuvre était bon,
Mon souffle, ô Pétrisseur de l'antique limon,
Un jour redressera ta victime vivace.
Tu lui diras : Adore ! Elle répondra : Non !

D'heure en heure, Iahvèh ! ses forces mutinées
Iront élargissant l'étreinte de tes bras ;
Et, rejetant ton joug comme un vil embarras,
Dans l'espace conquis les choses déchaînées
Ne t'écouteront plus quand tu leur parleras !

Afin d'exterminer le monde qui te nie,
Tu feras ruisseler le sang comme une mer,
Tu feras s'acharner les tenailles de fer,
Tu feras flamboyer, dans l'horreur infinie,
Près des bûchers hurlants le gouffre de l'Enfer ;
Mais quand tes prêtres, loups aux mâchoires robustes,
Repus de graisse humaine et de rage amaigris,
De l'holocauste offert demanderont le prix,

Surgissant devant eux de la cendre des Justes,
Je les flagellerai d'un immortel mépris.
Leconte de Lisle, *Poèmes barbares,* « Quaïn », Paris, Alphonse Lemerre, s.d.

bibliographie

Alban Bensa, « L'auto-sacrifice du chef dans les sociétés kanakes d'autrefois », in *Meurtre du père, sacrifice de la sexualité. Approches anthropologiques et psychanalytiques* sous la direction de Maurice Godelier et Jacques Hassoun, Strasbourg/Paris, Arcanes/Les Cahiers d'Arcanes, 1996.

Pierre Grimal, *Dictionnaire de la mythologie gréco-romaine*, Paris, Presses universitaires de France, 1996.

Jacques Hassoun, *Le Passage des étrangers* suivi de Anne Longuet-Marx, *Diversio*, Paris, Austral, 1995.

Israël Levi, *Le Ravissement du Messie à sa naissance et autres essais*, Paris/Louvain, Peeters, 1994.

Le Monde, mardi 23 avril 1996.

Le Monde, mercredi 24 avril 1996.

Michel Panoff, « La faute et la dette », in *Meurtre du père, sacrifice de la sexualité, op. cit.*

Commentaire du Rashi au livre de la Genèse, traduit de l'hébreu par l'auteur.

La Sainte Bible, Livres de la Genèse (1, 2, 3, 4) et du Deutéronome (34), texte établi par Louis Segond, Londres, Société biblique britannique et étrangère, 1944.

Philippe Sellier, « Caïn », in *Dictionnaire des mythes littéraires*, sous la direction de Pierre Brunel, Paris, Le Rocher, 1994.

Les figures de l'ambiguïté

ÉDITH WOLF

Caïn est une figure du mal. Premier mal-aimé de Dieu, premier assassin, premier fratricide, premier rebelle, il a été associé à Judas par des commentateurs chrétiens de la Bible. Si cette liste des désignations de Caïn présente différents aspects du mal et énumère les transgressions d'interdits majeurs, elle constitue également une narration. Caïn a vu son offrande inexplicablement rejetée, il a envié son frère dont le sacrifice a été bien accueilli, il a tué ce frère par jalousie. On peut dérouler la vie du personnage, lui découvrir des sentiments semblables aux nôtres, le voir traverser des épreuves que nous reconnaissons. Il devient notre frère.

Mais Caïn est aussi un assassin, l'inventeur du meurtre et du fratricide, à qui il est impossible de s'identifier. Alors il apparaît différent, habitant les territoires du mal. Traditionnellement, devant une créature d'apparence surnaturelle, on posait la question : es-tu de Dieu ou de l'Autre ? (Et cet Autre, c'est, bien sûr, le diable.) La question adressée à Caïn pourrait être : es-tu mon semblable ou un autre ? La réponse est dans l'ambiguïté. Caïn n'est pas le mal, il en est une figure. Et constamment, l'image va tenter de sortir du miroir et d'infléchir l'original qu'elle reflète pour vivre sa vie en quête d'une biographie, dont nous suivrons les péripéties. Devenus les lecteurs de l'histoire de Caïn, nous comprendrons l'enchaînement de ses actes sans pouvoir vraiment garder la bonne distance pour qu'il reste dans l'autre camp, dans le camp de l'Autre. Nous serons donc confrontés à une question :

Qu'arrive-t-il au mal incarné dans l'histoire singulière d'un personnage ? Lequel l'emporte, le mal ou le personnage ? Oscillant entre ces deux pôles, les interprétations mythiques, théologiques et littéraires apportent des réponses et proposent de Caïn des images multiples et parfois contradictoires.

Apparaissant dans la chronologie après le texte biblique et avant les premières élaborations imaginaires de la littérature, la figure que nous rencontrerons d'abord s'est constituée dans les croyances de la religion populaire. Elle ne se découvre pas tout entière dans un texte et ne se donne pas d'emblée au lecteur. On doit la débusquer dans une enquête qui, du Zohar à l'art médiéval chrétien, tente de faire apparaître les fils invisibles noués entre les traditions. Et d'abord, il faudra repérer le champ de cette investigation et délimiter le territoire de la religion populaire.

Il a toujours existé, parallèlement aux religions officielles, un ensemble de croyances qu'on qualifie de « populaires ». Elles se distinguent en ce qu'elles échappent à l'autorité (elles ne servent pas le pouvoir) et en ce que le plus souvent elles ne sont pas écrites. L'Église a combattu pendant des siècles les pratiques religieuses « païennes » et a dû, dans la plupart des cas, les intégrer, faute de pouvoir les éradiquer[1].

Les mythologies de l'Antiquité - égyptienne, chaldéenne, grecque, romaine, celte, germanique - sont constituées de récits qui portent la trace de ces croyances. Ces traditions, sans jamais constituer un système, présentent des conceptions cohérentes, du sacré, de l'humain, du temps, de l'au-delà. Les littératures grecque et romaine ont fait de ces mythologies un de leurs sujets, mais elles n'en sont pas le seul dépositaire. Les commentaires rabbiniques en portent la marque ; elles sont à l'origine du calendrier de l'Église catholique, de la plupart des vies de saints et de l'essentiel de l'iconographie chrétienne ; elles expliquent l'origine d'un grand nombre de toponymes et de patronymes ; elles constituent la matière des contes, des légendes, de la littérature médiévale (la « matière de Bretagne » des romans de chevalerie n'est rien d'autre que de la mythologie celte) ; des auteurs comme Rabelais, George Sand, Nerval se réclament de cette tradition et y puisent une grande part de leur univers imaginaire. Par ailleurs, jusqu'à l'ère scientifique, ces croyances tenaient lieu de vérité aux médecins et aux historiens. Enfin, elles ont constitué pendant des siècles les cadres de la pensée, les structures implicites de la morale et de la religion, le paysage mental de nos ancêtres.

Caïn, fils de la Femme et du Serpent

L'image de Caïn que propose cette mythologie est construite autour de l'engendrement de Caïn et du sang.

Ève, encore vierge, est séduite par le serpent et se donne à lui. Ils conçoivent un enfant qu'elle appelle Caïn. Mais le serpent est un amant brutal, et l'accouplement, aussi violent qu'une morsure. Ève saigne car elle a perdu sa virginité mais, en même temps, la morsure du serpent a déclenché ses premières règles[2]. Comme il est interdit de concevoir pendant les règles de la femme, l'enfant portera des marques infamantes : il sera lépreux et roux, caractères qui, selon les préjugés liés à cette tradition, sont propres aux juifs. Cet étrange récit (ou cet étrange portrait) a une cohérence mythologique, et c'est ce que notre enquête doit mettre en lumière. La première investigation mène à une lecture du Zohar où la conception de Caïn est racontée ainsi :

Rabbi Hiya dit : « Les fils d'Élohim (Genèse 5,2), ce

sont les enfants de Caïn car lorsque Samaël approcha Ève, il fit pénétrer en elle la souillure [du serpent] et elle conçut puis enfanta Caïn. » (Berechit. II 37a.)

Cette défloration par un serpent est assimilée à une morsure et sa brutalité provoque un écoulement de sang auquel on donne deux significations : la perte de la virginité et l'apparition du premier flux menstruel. Comme le dit Claude Gaignebet : « Dans les mythes relatifs au déclenchement des règles, celles-ci sont provoquées par la morsure (coït) d'un amant serpentiforme d'origine lunaire[3]. » Il est vrai que les saignements cycliques des femmes, aussi mystérieux que terrifiants, s'expliquent de façon satisfaisante si l'on pense qu'à l'origine, Ève, leur ancêtre mythologique, a été blessée. Mais cette explication va, à son tour, faire apparaître une difficulté parce qu'elle relie l'accouplement et la menstruation. Or on sait que, dans de nombreuses traditions, l'impureté attachée aux règles interdit les rapports sexuels pendant cette période. Qu'arrive-t-il alors si, comme Caïn, on est conçu « pendant les règles », si étant le fils d'une femme menstruée, on est le fruit d'une union dans un temps dangereux ?

Les médecines antique et médiévale, qui ignorent l'impossibilité biologique d'une fécondation dans ces conditions, lui attribuent l'origine d'une maladie : la lèpre. Un certain Fualdez, qui exerce à Rodez, cite et reprend à son compte la théorie des médecins arabes :

Alzaranius donc, au chapitre de la lèpre, décide le nœud de la question quand il dit que l'enfant devient ladre s'il est engendré du propre sang menstruel[4].

Voici Caïn lépreux, membre imaginaire d'un groupe social réel auquel le monde médiéval réserve un sort tout à fait à part. Les lépreux et leurs descendants supposés, les cagots, vivent aux marges de la société, marqués et exclus[5].

Pour les hommes du Moyen Âge, la lèpre est plus qu'une maladie. Née d'une transgression, signe d'impureté, elle condamne ceux qu'elle touche à vivre dans un autre monde. Leur vie est soumise à des règles destinées à les rejeter de la communauté et mises en place au cours de la célébration d'une cérémonie. L'existence même de ce rituel et son déroulement montrent qu'il ne s'agit pas d'une mise à l'écart « hygiénique » ni d'une exclusion pure et simple. On ne se débarrasse pas des lépreux, on leur donne un rôle, on leur désigne un lieu où vivre. Le rituel par lequel on les excluait nous indique de quel côté on les place.

> *Aux premiers symptômes du « mal de Dieu », on disait sur la victime la messe des défunts. Puis, allongée dans une sorte de cercueil, elle entendait lecture des règlements qui allaient l'isoler entièrement du corps social*[6].

Ainsi les lépreux sont des morts vivants. Or les morts ne restent-ils pas membres de la communauté des chrétiens ? Ne peut-on faire appel à leur aide ou à leur intercession ? On craint la puissance des défunts en même temps qu'on les vénère. Cette ambiguïté explique la place qu'on réserve aux « bordes », les cabanes des lépreux, situées en dehors du village. En dehors mais pas trop loin. S'ils font peur, ils n'en sont pas moins nécessaires car ils exercent des métiers impurs, décriés, liés à la mort, comme l'équarrissage. Ils sont aussi cordiers, activité que l'imaginaire médiéval revêt d'un caractère sacré. Les cordiers utilisent le chanvre (plante sacrée, le « patagruélion » de Rabelais), qu'ils tuent en le faisant rouir, ce qui représente un passage par la pourriture comparable à la décomposition d'un cadavre. Ensuite, par une sorte de résurrection, ils en tirent une matière, la corde, qui sert à créer des liens. Or, on sait que l'étymologie du mot religion la désigne comme le lien qui unit le monde humain au monde divin.

Ainsi les lépreux cordiers, engendrés pendant une période interdite, demeurant à mi-chemin de la mort et de la vie, chargés de besognes redoutables qui rapprochent les hommes de Dieu, se présentent comme des créatures investies d'un rôle sacré. C'est pourquoi ils sont ambigus et impurs : en eux se mêlent des mondes qui doivent être séparés. Caïn, figure du semblable et de l'Autre, en qui se rencontrent de façon troublante deux domaines inconciliables, engendré comme eux, appartient bien à cette confrérie dont les membres, à cause de la peur qu'ils inspirent, doivent être distingués des hommes ordinaires. On cherche à les différencier, on les marque de façon à bien les repérer. Ainsi on crée des images lisibles d'emblée, que tout le monde peut facilement reconnaître. Et la silhouette de Caïn se dessine. Dépeceur de bêtes, vivant dans les exhalaisons du chanvre pourrissant, agitant sa cliquette pour éloigner les gens de son passage, il est un personnage aux contours précis. Un signe physique complète l'image et lui donne sa couleur : une chevelure rousse. Selon les croyances populaires, les ladres, outre la maladie, portent dans leurs cheveux rouges une trace visible du sang des règles qui a présidé à leur conception.

Les préjugés à l'égard des roux datent de l'Antiquité et ont traversé des cultures très diverses. Plutarque cite une épigramme destinée à un homme roux où il est décrit « toujours prêt à mordre ». « Perséphone refuse de l'accueillir dans l'Hadès[7] », conclut même l'auteur. Dans le monde gréco-romain, leur caractéristique est la méchanceté. L'« homme roux » de la Bible, Esaü celui qui habite Edom (la Rouge) et vend son droit d'aînesse contre un « roux » (dont la tradition chrétienne fera abusivement un plat de lentilles), n'est pas aussi mauvais ; mais, sans incarner le mal, il est l'autre frère, celui à qui l'élu doit prendre le pouvoir. Quant au roi David, roux aimé de Dieu, il sera teint par les traducteurs qui en font un blond, tant cette association de la rousseur et de l'élection les dérange. Au Moyen Âge, l'image négative des roux est très forte. On les croit pleins d'une intense chaleur interne, dégageant une odeur forte. On leur attribue des désirs sexuels exacerbés et on pense que les hommes roux sont menstrués[8]. Le principe qui organise tous les traits de cette image est le sang des règles, terrifiant et impur. Il reste dans les préjugés actuels des traces de ces croyances. Ne parle-t-on pas de l'odeur des roux, et plus spécialement, avec une connotation sexuelle, de celle des rousses ? Le mot « rouquin » n'est-il pas un terme péjoratif, une façon de désigner une personne en la réduisant à ce seul trait, qui suffit à la mettre à l'écart ?

On retrouve quelque chose de cette méfiance dans un des clichés de l'antisémitisme moderne, celui du juif roux. Ce stéréotype, qui a probablement des racines très anciennes, nous ramène à Caïn. Le premier fratricide a longtemps incarné dans l'imaginaire chrétien le peuple juif. Louis Réau, dans *L'Iconographie de l'art chrétien*[9], donne des exemples précis de cette assimilation, comme cette image de Caïn, dans la cathédrale de Salisbury, où il porte le chapeau pointu qui constituait leur marque distinctive et infamante. Et saint Augustin, dans *La Cité de Dieu*, dit de Caïn qu'il « figurait les juifs ».

Or, si ces derniers, considérés comme peuple déicide, sont victimes de la haine et des persécutions des populations européennes, ils sont invariablement protégés par le pape et les princes de l'Église. Comment expliquer cette attitude des autorités ecclésiastiques ? S'agit-il d'un souci de justice ou de la manifestation d'une certaine tolérance ? Au-delà de ces réponses d'ordre psychologique ou moral, il en existe une autre qui permet de comprendre le rôle que la hiérarchie de l'Église leur attribue dans l'histoire chrétienne. Les juifs ont longtemps été considérés comme les témoins de la mort du Christ, à laquelle ils avaient assisté. Garants du fait que tout cela avait bien eu lieu, ils devaient donc rester hors de l'histoire, exactement semblables à ce qu'ils étaient et demeurer d'éternels contemporains de la Passion. À ce titre, leur survie et la permanence de leurs croyances et de leurs institutions étaient essentielles. L'histoire du Juif errant est une création de l'imaginaire suscitée par cette image des juifs qui les rattache à un point essentiel de la religion chrétienne. Caïn, devenu l'un des leurs, se trouve une fois de plus maudit et chargé d'un rôle sacré.

Ce terme a été le *leitmotiv* de toutes les définitions du personnage que nous avons rencontrées. Il constitue le trait dominant de la figure que notre exploration des territoires de l'imaginaire nous a permis de construire : Caïn, fils du serpent, engendré pendant les règles, lépreux, roux, cordier et juif, est un être « distingué », vénérable et redoutable. Son ambiguïté, son appartenance à deux mondes : la mort et la vie, l'humain et le divin, le familier et l'Autre, est celle de tous les personnages que l'on maintient à distance parce qu'ils marquent des passages. Exclus à cause de leur appartenance au sacré, à ce titre ils font peur. Mais leur rôle fondateur est essentiel : hommes-frontières, ils rassurent car ils permettent aux humains de savoir sur quel territoire ils demeurent et où commence le domaine de l'Autre.

En attribuant à Caïn une fonction fondatrice, nous renouons un fil interrompu, nous nous faisons cordiers-ligateurs pour mettre fin à la cassure qui scinde en deux le déroulement du destin du personnage. En effet, comme Œdipe, le parricide condamné à l'errance qui finit en sage dont on vient recueillir les conseils, Caïn inaugure après son meurtre une nouvelle existence, se transforme en fondateur, en créateur d'une lignée. Il est le premier personnage autour de qui se constitue une généalogie : la Genèse mentionne ses descendants sur sept générations, alors que le « livret de famille d'Adam » qui énumère ceux de Seth n'apparaît qu'après. De plus, si la liste des descendants de Seth a pour seul but d'expliquer le lien entre Adam et Noé, l'histoire des fils et petits-fils de Caïn a un rôle fondateur important : d'après le Coran (5,34), après son meurtre, Caïn ne sait que faire du corps de son frère et il a l'idée, en observant un corbeau qui creuse la terre, d'enterrer le cadavre. Puis, selon le texte biblique, il s'enfuit car il craint que quelqu'un ne le tue pour venger Abel (crainte difficile à comprendre, puisque ses parents sont les seuls humains sur la terre). Pour le protéger, Dieu met sur Caïn un signe qui empêchera ceux qu'il rencontrera de porter la main sur lui. Ensuite, il erre et va habiter un autre territoire où il fonde la première ville, qu'il appelle Henoc, du nom de son fils. À la septième génération, naissent Yabal, Yubal et Tubal-Caïn qui inventeront respectivement le nomadisme pastoral, la musique et la métallurgie.

Caïn fondateur maudit

Tous ces bienfaits attribués à Caïn et à sa descendance l'inscrivent dans une autre tradition et le rapprochent de figures civilisatrices des mythologies grecque, romaine et nordique. Chez les Grecs et les Romains, chaque cité revendique à son origine un héros qui enracine sa fondation dans le sacré parce qu'il est d'origine divine. Ainsi Romulus et son frère jumeau Remus, fils du dieu Mars élevés par une louve, décident de construire une ville. Romulus trace un sillon qui, dit-il, marque une enceinte sacrée et dont le franchissement est interdit. Par défi, Remus, qu'une rivalité pour la royauté oppose à son frère, saute par-dessus la frontière, et Romulus le tue[10].

Cette histoire établit, comme le récit biblique, un lien entre meurtre et fondation. Romulus est une des figures mythiques que l'on peut comparer à Caïn. Par ailleurs, le rôle du fils d'Adam dans l'invention de la métallurgie et du travail le rattache à un ensemble de personnages héroïques et divins issus d'autres cultures.

Le personnage du forgeron divin et magicien trouve une de ses incarnations les plus fortes dans la figure d'Odin, le dieu principal du panthéon germanique, qui est à la fois guerrier, magicien, forgeron, sage et borgne. Aussi inquiétant, indispensable aux Olympiens, l'Héphaïstos grec, fils de Zeus et d'Héra, fabrique dans les entrailles des volcans les armes des dieux, avec l'aide des Cyclopes, lesquels, comme Odin, sont borgnes : ils n'ont qu'un œil au milieu du front. Héphaïstos lui-même est boiteux. Ces défauts physiques seraient, selon Marie Delcour[11], des marques d'initiés magiciens. Comment ne pas opérer un rapprochement avec le signe de Caïn ? Ce signe mystérieux représenterait donc un nouveau lien entre le personnage et le sacré. Le rôle quasi religieux du forgeron, l'importance du travail des métaux, la vénération et la crainte dont il est entouré sont attestés par les nombreux patronymes qui en gardent la trace. Les Smith, Schmidt, Favre, Favret, Fabre, Faure, Lefèvre, Le Goff, sont des descendants de forgerons.

Ces personnages redoutables, maîtres des métaux et du feu, sont parfois considérés comme les créateurs de la musique à cause du rythme créé par les chocs du marteau sur l'enclume. Reste l'acte civilisateur que le Coran attribue à Caïn : l'invention de l'inhumation, la création des rites funéraires. Premier homme à voir un cadavre, il doit trouver un moyen de le cacher. Dans le récit de la Genèse et dans d'autres passages de la Bible, il est dit que le sang versé est dangereux et doit être recouvert. Il ne s'agit pas d'un danger symbolique : le sang peut blesser physiquement. Un usage ancien de l'Attique en témoigne ; un homme coupable d'homicide, puni par bannissement et contre qui, pendant son exil, une autre charge avait été retenue, voyait son procès se dérouler dans les conditions suivantes : il restait en mer sur un bateau ni mouillé ni amarré et devait plaider sa cause ainsi, tandis que ses juges restaient sur le rivage.

Caïn, en enterrant son frère, se préserve d'un danger. Mais il semble que cette inhumation ne suffise pas à le mettre à l'abri, puisqu'il demande à Dieu de le protéger par un signe. Or, qui peut-il craindre puisque ses parents sont les seuls humains vivant sur la terre ? De qui a-t-il peur, puisque sa victime est morte ? Justement de ce mort qui, devenu esprit, a acquis une puissance redoutable. Caïn est terrifié par la vengeance que pourrait exercer contre lui ce fantôme. Contre un tel ennemi, on ne peut pas se battre, et mieux vaut le fuir. La protection que le meurtrier demande à Dieu constitue un déguisement qui trompera l'esprit du défunt. Abel ne reconnaîtra pas Caïn transformé par une marque. James Frazer émet l'hypothèse que les signes du deuil modifient l'apparence des endeuillés et leur permet de tromper les morts qui voudraient les persécuter[12]. Changer de vêtements, se couper les cheveux, se griffer le visage, se couvrir la tête de cendres, toutes ces coutumes ont pour résultat de transformer l'aspect. Cette explication rend compte de la fonction du signe de Caïn : il représenterait une marque de deuil.

Le rôle fondateur de Caïn est donc multiple : premier endeuillé, premier forgeron, fondateur des villes, il se présente en initiateur à qui les hommes peuvent s'identifier. Mais cette figure d'initiateur n'est pas univoque et replace Caïn dans une confrérie de personnages aux frontières du bien et du mal. Il n'échappe pas plus que ses homologues, issus d'autres civilisations, aux ombres de l'ambiguïté. Odin, le borgne, possède une foudre paralysante aussi redoutable que ses pratiques de magicien. Il est qualifié à la fois de *Kialarr*, « nourrisseur », et de *Viourr*, « destructeur ». Divinité ambiguë par excellence, il est aussi appelé *Ialkr*, le « hongre », allusion au fait que, malgré sa nature masculine, il pratique la magie à la manière des femmes. Et Héphaïstos, aussi puissant et indispensable qu'il soit, a été rejeté à sa naissance. Sa mère, le trouvant trop laid, l'a précipité du haut de l'Olympe sur la terre, et c'est cette chute qui est à l'origine de sa boiterie.

Mais le personnage le plus proche de Caïn dans la mythologie grecque est Prométhée, le Titan réprouvé. Révolté par le malheur humain, il vole le feu divin en le dissimulant dans une tige creuse[13], pour le donner aux hommes, à qui il apprend aussi l'art de travailler les métaux. La colère des dieux contre lui est terrible et il est condamné à un supplice prévu pour durer éternellement. On a souvent comparé Prométhée à Caïn : tous deux présentent des figures du progrès technique désapprouvées par la divinité parce qu'elles rendent possible une émancipation suspecte. Ils illustrent l'ambiguïté du jugement de la religion à propos de la connaissance et de l'action humaines. Or, le destin de Caïn est précisément celui d'un homme des actes. S'il a « imaginé » l'inhumation et le deuil, il a surtout fait apparaître la mort dans les faits. Dieu a décidé de l'existence du travail et de la mort. Caïn, agriculteur, forgeron, meurtrier, les a « mis au monde ». Sa mission est donc d'incarner le mal, de lui prêter un corps et un esprit humains. Il transforme en familier l'absolu, radicalement étranger, ce qui explique l'ambiguïté si caractéristique de ses représentations mythiques. Ce passage est rendu possible par des actes.

Peut-on en conclure que l'action est mauvaise et que « faire, c'est faire le mal » ?

On compte parmi les Dix Commandements huit interdictions, un ordre, et un verset qui réunit prescription et prohibition. Ce dernier passage traite précisément du travail puisqu'il rend obligatoire le repos du septième jour. Vivre comme un juste, c'est surtout ne pas faire certaines choses. Quelle serait la biographie de cet homme juste ? Il devrait d'abord être un enfant obéissant, c'est-à-dire ne jamais agir sinon dans le prolongement d'une parole injonctive qui fait déjà la moitié de l'acte. Il lui faudrait ensuite se marier et engendrer selon la volonté de Dieu, le prier et l'honorer, en prononçant des paroles et en faisant des gestes prescrits, vieillir en assurant la continuité des générations et mourir de l'usure du corps, dans le prolongement de la vie.

Cette suite d'actions constitue-t-elle un récit ? De la situation de départ à la situation finale, la continuité empêche l'apparition d'un élément de rupture. Sans cet événement qui rompt la perfection close de la situation initiale, aucune narration ne peut exister. Comment raconter si on ne peut pas dire « un jour » ? « Un jour » annonce la séparation, la différence, le début d'un itinéraire où se constitue la personne de celui qui s'en va et dont on lit l'histoire.

Ainsi tout récit serait celui de l'irruption du changement dans l'identique et de l'introduction du mal dans le règne du bien. Pourtant, les contes merveilleux que l'on considère comme des « récits-modèles », que l'on utilise comme terrain d'analyse pour comprendre le fonctionnement de la narration, finissent bien. Cette contradiction semble mettre à mal notre définition du récit. Mais l'examen de la fonction des contes merveilleux explique leur contenu et leur place particulière dans l'ensemble des textes narratifs. Ils ne racontent pas l'histoire singulière d'une personne mais ils rapportent les difficultés de l'installation dans la normalité familiale et sociale d'un personnage qui n'est personne et incarne tout le monde. À la fin, le héros, même s'il finit roi, ne se différencie plus de ceux qui l'entourent. Le bonheur n'est obtenu que grâce à l'intervention d'êtres surnaturels ou d'objets magiques dont les auditeurs comme le conteur savent - même s'ils peuvent croire « un peu » à la véracité d'événements inexplicables - qu'ils n'existent pas. Disant le sort heureux des Jean, des Hans et des Ivan, les faiseurs de contes marquent bien que tout cela n'est pas vrai et que, justement, le vrai, ce n'est pas cela. Il n'y a d'histoires qui finissent bien que dans le jeu, que seule rend possible l'attitude subtilement distanciée des adeptes des contes.

La première histoire qui ne commence pas par « il était une fois », c'est celle d'Adam et Ève, et nous y lisons la fin de la perfection de l'Éden. Et la seconde, c'est celle de Caïn, qui explique la rupture d'un homme avec Dieu par le crime. Les commentateurs de la Bible ont établi des parallèles entre les deux épisodes, l'un étant présenté comme la continuation et l'amplification de l'autre. Leur comparaison permet de comprendre la singularité de l'histoire de Caïn et explique peut-être en partie son grand succès littéraire.

Tout d'abord, s'il a pu incarner aussi constamment la rébellion, c'est que, contrairement à ses parents, il se révolte ouvertement, allant jusqu'à discuter avec Dieu pour demander une atténuation de son châtiment, qu'il obtient en effet : Dieu le protège par un signe. Son comportement présente une sorte d'exagération du thème de la désobéissance qu'ont inauguré Adam et Ève. Par ailleurs, retrouvant la question du semblable et de l'Autre, on peut voir en Caïn le premier homme à faire l'expérience de l'existence d'un autre homme, son double. Entre Adam et Ève, il n'y a aucune symétrie et même leur création se situe (dans une des versions proposées dans la Genèse) dans deux temps différents. Ils sont présentés soit comme complémentaires, soit comme hiérarchiquement inégaux. Mais deux frères sont dans la plus grande des ressemblances possibles. Et certains commentateurs juifs de la Genèse font de Caïn et Abel des jumeaux. Cette expérience est-elle insupportable au point de susciter le désir de tuer ?

Un détour par une autre histoire nous aidera à comprendre le lien entre frère et ennemi. Selon Bernard Sergent[14], la racine indo-européenne *hosti-*, qui désignait l'« hôte », a donné deux mots latins : *hostis*, d'abord, l'« ennemi », puis *hospes*, l'« hôte », dans une civilisation où l'hospitalité constituait un devoir sacré. Ainsi seul celui qui est mon égal, mon hôte éventuel, est susceptible de devenir véritablement mon ennemi. Tout autre homme, même si je le combats ou si je le tue sera indigne de ce statut. Et sa mort par ma main ne sera pas appelée meurtre. Ce mot, dans un tel contexte, devient synonyme de fratricide. Ainsi Caïn commet le seul meurtre possible : il tue son frère humain, cet autre vertigineusement semblable et, de cette manière, il crée de la différence. Il devient un homme singulier. Et c'est bien ce caractère d'homme singulier qui distingue son histoire de celle de ses parents. Adam et Ève sont nos ancêtres, ils ont expérimenté les premiers la condition humaine telle que nous la vivons. Caïn, du moins avant de devenir un fondateur, ne crée pas de trace que nous serions censés suivre. Solitaire qui agit, il incarne un paradoxe, le mythe de l'individu : ce qui le rend proche (il est comme chacun de nous un être particulier) l'éloigne, puisqu'il ne peut devenir un modèle.

De fait, la fascination suscitée par Caïn peut être comparée au vertige né d'un mouvement double et contradictoire. Il oscille entre le plus obscur, le plus étranger et le plus proche, le plus semblable. Fils du serpent, issu d'une race démoniaque, il ne supporte pas son double humain, qu'il tue. Lépreux et impur, il a le rôle sacré des intermédiaires entre les mondes, qui possèdent assez de traits différents et assez de traits identiques pour constituer des passages. Inventeur du travail et du deuil, il inaugure dans les actes les éléments du destin que Dieu a assigné à tous les humains, et ces choix fondateurs l'excluent de la communauté des hommes. Enfin, premier individu, il a un destin personnel qui l'isole et le rapproche, il incarne un mythe curieusement non exemplaire, il devient une sorte de personnage romanesque inaugural. C'est peut-être ce dernier caractère qui explique en partie l'immense succès littéraire de Caïn, source inépuisable de récits et de commentaires, depuis l'Antiquité jusqu'à nos jours.

Caïn, mythe nécessaire

L'observation du corpus des textes consacrés à Caïn donne une idée de la richesse des jeux du mythe et de la littérature. Si divers qu'ils soient, ces écrits de genre, d'époque, de style différents s'organisent autour de deux attitudes opposées : la fidélité à la tradition écrite et orale ou, à l'inverse, le choix d'une utilisation entièrement personnelle, voire iconoclaste, de cette histoire sacrée.

Ainsi Gérard de Nerval, dans son récit « Histoire de la

reine du Matin et de Soliman, prince des Génies » *(Le Voyage en Orient)*, adoptant la première position, reprend des thèmes et des croyances issus de la religion populaire. Il met en scène le puissant roi Salomon, élu de Dieu, qui invite à sa cour la reine de Saba, dans l'intention, si elle s'en révèle digne, de l'épouser. Mais Balkis, la souveraine, sage magicienne, initiée aux secrets du monde, s'éprend d'Adoniram[15], l'architecte du temple et du palais de Salomon, dont elle devine qu'il est comme elle issu de la lignée des fils du Feu, les descendants de Caïn. Autour de Balkis s'est élaborée une importante tradition mythologique, dont Nerval se fait l'écho. Ainsi, il décrit la salle où Salomon reçoit la reine comme un miroir de cristal où « les divans et les cierges se reflètent ». Ce détail, selon une légende juive, permet au roi de vérifier que Balkis est bien une humaine aux jambes lisses et non une démone poilue (comme Lilith). C'est dans la tradition chrétienne, chez Jacques de Voragine *(La Légende dorée)*, que Nerval a trouvé le récit de la colère de Balkis qui s'aperçoit que Salomon traite négligemment un morceau de bois dont elle révèle qu'il vient de l'arbre de l'Éden et qu'il servira à pendre le dernier descendant de David (le Christ)[16].

Toutefois, l'enjeu du texte de Nerval ne se restreint pas à une plate illustration de motifs folkloriques, et il faut voir dans sa fidélité au mythe une des clés de son interprétation. Pour Nerval, avide de sens cachés, amateur d'ésotérisme (le Ténébreux, le Veuf, l'Inconsolé des *Chimères*), Salomon incarne le pouvoir, le sacré, la magie officiels alors qu'Adoniram et la reine de Saba, tous deux issus de la lignée de Caïn, fils du Feu, qui restent dans l'ombre, font l'objet d'une vénération secrète, non écrite, populaire. La lignée de Caïn, le personnage d'Adoniram, sont les véritables ancêtres de Nerval. Opposés aux dociles élus de Dieu, ils sont des créateurs pour qui le travail ne constitue pas l'instrument de la punition des hommes mais le moyen de restaurer leur dignité. Caïn déclare :

> *Avant d'enseigner le meurtre à la terre j'avais connu l'ingratitude, l'injustice et les amertumes qui corrompent le cœur. Travaillant sans cesse, arrachant notre nourriture au sol avare, inventant, pour le bonheur des hommes, ces charrues qui contraignent la terre à produire, faisant renaître, au sein de l'abondance, cet Éden qu'ils avaient perdu, j'avais fait de ma vie un sacrifice.*

Mais il n'est pas réhabilité pour autant par Nerval et le fratricide n'est pas pardonné, ni la culpabilité effacée. La tombe d'Adam accuse Caïn d'avoir « enfanté le meurtre » et lui attribue les massacres futurs. Les sentiments du héros à son égard révèlent une grande ambiguïté. « Saisi de respect, d'amour, de compassion et d'horreur, Adoniram se détourna. » Adoniram restera le véritable ancêtre dont se réclame l'auteur, en tant que créateur et travailleur, en tant que franc-maçon, en tant que réprouvé. Deux personnages incarnent le mal aux yeux de Dieu : Caïn, moralement condamné, et Adoniram que Dieu désapprouve mais que Nerval met dans le camp du bien, donnant ainsi l'image d'un Dieu injuste. Le message de Nerval est d'ordre éthique, et ce que fonde le mythe, ce sont les notions du bien et du mal.

La recherche, la définition des valeurs morales constituent le sujet d'un autre récit consacré à Caïn, *Demian*, de Hermann Hesse (traduit en français par Denise Riboni, Stock, 1993). Mais, à l'opposé de Nerval pour qui la tradition mythique doit être reprise, l'écrivain allemand livre du récit biblique des éléments isolés, réorganisés pour éveiller chez le lecteur le sentiment de voir se révéler le sens caché et terrifiant d'une histoire familière. Le narrateur, personnage indécis à la recherche de repères que son milieu est incapable de lui donner, rencontre un être énigmatique, nommé Demian (Démon au sens chrétien ou *daimôn*, « génie protecteur », au sens grec ?). Ce dernier, dont la mère s'appelle Ève, apparaît différent des autres. Supérieur, il délivre au narrateur un message :

> *Ce qui est à l'origine de l'histoire, c'est le signe. Il [Caïn] était un homme dont le visage reflétait quelque chose qui inspirait la terreur aux autres. Ils n'osaient le toucher. Lui et ses enfants leur en imposaient. Cet homme possédait la puissance. Devant lui on tremblait.*

Le signe va constituer la valeur suprême du héros et sera le moyen de distinguer les hommes supérieurs : Moïse, Bouddha, Jésus, mais aussi César et Napoléon. Liste pour le moins étrange par la manière dont elle rassemble sous cette désignation d'« hommes supérieurs » des personnages dont le seul point commun est le pouvoir qu'ils ont exercé, le rôle de « guide » (*Fürher*, *duce* ?) qu'ils ont joué.

Parler de fascisme à propos de Hermann Hesse, c'est instaurer une polémique. Pourtant, diviser l'humanité en deux groupes, les hommes supérieurs et les hommes ordinaires, avec pour les premiers seulement le libre choix de leurs valeurs, renoncer à des critères universels de jugement, ne peut que laisser la place à des maîtres dont l'intuition géniale supplantera le discours rationnel. Mais quelque désignation que l'on adopte, il est indéniable que le plaisir éprouvé par l'auteur allemand à l'évocation de l'histoire de Caïn relève d'une délectation iconoclaste, complètement à l'opposé de la position de Nerval. En effet, choisir un texte sacré pour établir une inversion entre l'élection et la malédiction, abolir la culpabilité et la reconnaissance de la faute revient à renverser les idoles.

Ce plaisir de la provocation qui consiste à jouer avec une figure du mal, on le retrouve dans un roman récent : *Le Transport d'A.H.* de Georges Steiner (Julliard/L'Âge d'homme, 1981). Il ne s'agit plus ici d'interpréter une construction mythique mais d'introduire un personnage réel (et quel personnage, puisque A.H. est Adolf Hitler) dans un univers romanesque. L'examen de cette étrange tentative mettra en lumière les difficultés éprouvées par le romancier pour intégrer l'incarnation « réelle » du mal dans une fiction et nous éclairera sur la fonction capitale du mythe.

Des agents israéliens sont sur les traces d'Hitler, qui a trouvé refuge dans la forêt amazonienne. Ils le capturent et veulent l'emmener en Israël pour le faire juger. En cours de route, les difficultés de la marche dans la jungle et la crainte qu'on ne leur enlève leur prisonnier s'ils s'en sortent (médias, Américains et Russes veulent le récupérer) les poussent à se constituer en tribunal et à juger A.H., lui-même assurant sa défense.

Plus que le propos très provocateur de Steiner (qui fait dire à A.H. qu'il n'a fait qu'imiter les juifs, le peuple élu, en proclamant les Allemands peuple élu à leur place), ce qui nous intéressera, c'est la façon dont il a transformé Hitler en personnage de roman. D'abord, A.H. n'est jamais le point de focalisation du récit : les événements sont vus par les yeux et les consciences des autres personnages et il est présenté de deux manières : par des éléments de description et par des paroles rapportées. Par ailleurs, on ne peut pas véritablement parler de portrait : les agents israéliens restent un long moment devant la cabane où il se terre, sans pouvoir entrer et, pendant longtemps, ils ne le regardent pas. Puis ils voient seulement ses yeux et entendent sa voix, qu'ils reconnaissent. Mais le principe qui commande les éléments descriptifs est explicitement celui du « vampire », puisque l'ensemble de la narration décrit parallèlement la déchéance et l'anéantissement progressif des Israéliens et la vitalité croissante de A.H., qui finit en vainqueur. Ce qu'on sait de lui se limite à cette fonction et il n'accède pas vraiment au statut de personnage, comme les agents israéliens. On ne doit pas pouvoir s'identifier à lui. Un des protagonistes du roman énonce lui-même cette impossibilité :

> *L'odeur d'un homme peut vous briser le cœur. L'intimité va croître, croître terriblement. Vous penserez à lui comme à un homme et vous ne penserez plus à ce qu'il a fait... Il porte un masque humain.*

Ce qui est impossible, c'est de faire d'un homme réel incarnant le Mal un personnage de roman, d'élaborer une construction imaginaire à partir de ce qu'on ne peut pas concevoir. Il reste alors deux possibilités : ou bien laisser exister la créature de fiction qui s'intègre dans un univers romanesque en la désignant d'un nom qui ne lui correspond plus, ou bien nommer ce personnage et ne pas le représenter, l'utiliser comme le fait Steiner, sans lui donner vie. De telles apories, illustrant le problème posé par la représentation du mal dans laquelle le roman joue avec l'Histoire, mettent en lumière la fonction du mythe et sa nécessité. Le mythe rend possible la représentation du mal dans un personnage de fiction qui, par son caractère sacré ou symbolique, a un rôle dans la réalité. Sa place entre deux mondes, le réel et l'imaginaire, permet de rendre pensables des notions qui demeureraient inconcevables.

Et si le destin de Caïn constitue un mythe particulièrement vivace, c'est qu'il réunit trois histoires ambiguës et difficiles à penser. Fratricide rebelle et maudit, mais sacré, il habite les territoires du mal, d'autant plus attirants qu'ils sont autres. Fondateur, il est un initiateur, mais ce qu'il apporte à l'humanité est désapprouvé par Dieu. Premier homme à posséder un destin singulier, il est à cause de cela isolé des autres humains. Figure multiple, constamment reconstruite, elle échappe à toute signification univoque et, en cela, elle constitue un mythe. Incarnation de la réalité morale la plus difficile à concevoir, elle joue un rôle fondamental : représenter dans l'ordre du mythe ce qui n'est pas supportable dans le réel, le Mal.

notes

1. À titre d'exemple, Noël est venu recouvrir la fête très ancienne du solstice d'hiver, et la Saint-Jean d'été, celle du solstice d'été. Si on allume des bougies le 24 décembre, et des feux le 24 juin (anciennes dates des solstices), c'est parce que ces deux moments sont cruciaux du point de vue de la lumière et qu'on risque de la perdre si elle ne dure pas toute la nuit. De même, on célèbre le 3 février saint Blaise (*blasen* signifie « souffler », en allemand), qui guérit les maux de gorge, parce que cette date était celle où l'on fêtait la divinité Carnaval, responsable de la circulation du souffle.
2. Voir à ce sujet Claude Gaignebet et Jean-Dominique Lajoux, *Art et Religion populaire au Moyen Âge*, Paris, PUF, 1985.
3. Ouvrage cité ci-dessus.
4. Cité par Claudine Fabre-Vassas in *La Bête singulière, les juifs, les chrétiens et le cochon*, Paris, Gallimard, « Bibliothèque des sciences humaines », 1994.
5. Les cagots restent un mystère : descendants de lépreux, de Sarrasins, de juifs mal catholicisés ? Ils constituaient une population à part et nul ne sait ni ce qu'ils étaient exactement ni ce qu'ils sont devenus. Leur souvenir reste présent dans le sud-ouest de la France, dans les Pyrénées, particulièrement.
6. Sur ce sujet, voir Claude Gaignebet, *Le Carnaval*, Paris, PUF, 1974.
7. Cité par Marie Delcour-Cervers, *Phyrrus et Phyrra*, Paris, Belles-Lettres, 1965.
8. On prête à leur souffle, comme à celui des femmes menstruées, le pouvoir de faire tourner la viande des salaisons, raison pour laquelle

l'accès aux saloirs leur était interdit. Sur le sujet, voir Y. Verdier, *Façons de dire, façons de faire*, Paris, Gallimard, 1979.

9. Louis Réau, *l'Iconographie de l'art chrétien*, Paris, PUF, 1955-1959.
10. Les Romains intégreront ce mythe à leur histoire en lui attribuant l'origine de leurs guerres civiles, lui donnant une valeur de « péché originel » politique.
11. Marie Delcour, *Héphaïstos ou la légende du magicien*, Paris, Belles-Lettres, 1957.
12. James Frazer, *Folklore in Old Testament*, Londres, Mac Millan, 1919.
13. Des exégètes juifs de la Bible ont rapproché le nom de Caïn de *cana*, le roseau. De même on raconte qu'il serait né avec une tige creuse dans la main. Cette étymologie populaire met en relation le nom du personnage et son activité de forgeron, le roseau lui servant à souffler sur le feu pour l'attiser.
14. Bernard Sergent, *Les Indo-Européens*, Paris, Payot, « Bibliothèque scientifique », 1995.
15. Nerval a réinterprété une personne de la Bible appelé Hiram de Tyr, fils d'une veuve, qui est présenté dans le livre des Rois (1, 7, 13) comme le constructeur du Temple.
16. Nerval reprend, outre les traditions juive et chrétienne, des éléments issus de la culture islamique. On lit dans le Coran (sourate 27) que le roi Salomon rencontre une huppe et que cet oiseau lui révèle l'existence de la reine de Saba. C'est là l'origine de l'oiseau Hud-Hud qui accompagne la Balkis de Nerval.

Remerciements

Je tiens à remercier de leurs précieux conseils Bernard Peirani, Bernard Sergent et les membres de la Société de Mythologie française.

Le père des arts, des armes et des lois !

JEAN-JACQUES MARIE

Dans un article dénonçant les fanatiques qui à travers l'univers assassinent « au nom de Dieu », Henri Tincq écrit dans *Le Monde* du 20 décembre 1995 : « Depuis le meurtre d'Abel par Caïn, la Bible regorge de moments de violence inouïe, de récits de guerre et d'extermination. » Le meurtre d'Abel par Caïn est donc ici posé comme le premier maillon d'une chaîne de meurtres, de guerres et de massacres. Caïn serait le premier des assassins, leur saint patron, leur modèle, puisqu'en tuant son frère il a commis le plus horrible des crimes après le parricide.

Et pourtant ce stéréotype se heurte à une évidence qu'une simple lecture de la Bible souligne : Caïn est condamné et rejeté par Dieu *avant* d'avoir commis son crime. C'est d'ailleurs l'objet même de la première discussion sur Caïn et Abel dans *À l'est d'Éden*, de Steinbeck. Adam Trask déclare :

> *Je me rappelle avoir éprouvé de la colère à l'égard de Dieu. Caïn et Abel lui offrirent ce qu'ils avaient et Dieu a accepté Abel et a rejeté Caïn. J'ai toujours pensé que c'était injuste. Le comprenez-vous ? moi pas.*

Et il reprend un peu plus loin : « Pourquoi Dieu a-t-il condamné Caïn ? C'est une injustice. » L'insistance d'Adam Trask est d'autant plus frappante que, dans le couple fraternel qu'il forme avec Charles, ce dernier continue manifestement la lignée de Caïn, et Adam celle d'Abel.

L'évidence est si aveuglante qu'elle se fait jour dans l'œuvre même du très conservateur Leconte de Lisle. Son

« Quaïn » qui ouvre ses *Poèmes barbares* est présenté comme une victime.

Ève (devenue, en hébreu, Heva) :

Dans un cri d'horreur enfante sur la ronce
Ta victime, Iahveh ! celui qui fut Quaïn.

Et Quaïn décrit son destin de victime :

Celui qui m'engendra m'a reproché de vivre,
Celle qui m'a conçu ne m'a jamais souri.

Il s'interroge sur cette malédiction :

Misérable héritier de l'angoisse première,
Quel mal avais-je fait ?

Son « cœur rongé d'une sourde détresse » ne peut trouver de réponse.

On peut dès lors se demander si Caïn n'a pas tué pour protester contre l'injustice, pour se venger du Tout-Puissant qui, comme un dictateur sans foi ni loi, a condamné à l'avance celui qui n'est pas *encore* coupable ou qui ne l'est que par décision arbitraire du maître.

Avant le crime était l'injustice

Cette interrogation ne date pas de Steinbeck. Elle tend à présenter Caïn comme un prédestiné dont le crime serait en réalité de ne pas accepter passivement le destin que la divinité prétend lui imposer, en un mot de se révolter contre lui.

Dans sa biographie de Byron, André Maurois, analysant brièvement le *Caïn* écrit en 1822 par le dramaturge britannique, remarque en passant :

De tous ses drames le plus révélateur fut son Caïn. *Il avait été obsédé depuis l'enfance par ce thème du*

> *premier prédestiné, de l'homme condamné par Dieu avant le crime.*

Dans le drame de Byron, en effet, Caïn ne pardonne pas à Dieu ; il remet même en cause la faute d'Adam et pose ironiquement la question : « Parce qu'il est tout-puissant, s'ensuit-il qu'il soit toute justice ? Je ne puis juger que par les fruits, et ils sont amers. » Le Caïn de Byron soumet ainsi la divinité à son propre jugement et affirme par là même son indépendance et sa dignité face au Tout-Puissant. Époux de sa sœur Adah, il en est profondément aimé, comme Byron l'était de la sienne. Adah affirme même l'aimer plus qu'elle n'aime son père et sa mère, nouveau défi à l'Éternel et à ses commandements. L'œuvre fit bien entendu scandale et fut dénoncée par les divers clergés du Royaume-Uni. André Maurois note : « Walter Scott, auquel il avait dédié son *Caïn*, accepta courageusement la dédicace, mais essaya de justifier Dieu. »

Arbitraire et destinée humaine

Tâche difficile. Le récit de la Genèse ne laisse en effet guère planer d'ambiguïté sur les rapports entre l'Éternel et Caïn :

> *Adam connut Ève, sa femme ; elle conçut et enfanta Caïn et elle dit : j'ai formé un homme avec l'aide de l'Éternel. Elle enfanta encore son frère Abel. Abel fut berger et Caïn fut laboureur. Au bout de quelque temps, Caïn fit à l'Éternel une offrande des fruits de la terre ; et Abel de son côté en fit une des premiers-nés de son troupeau et de leur graisse. L'Éternel porta un regard favorable sur Abel et sur son offrande, mais il*

ne porta pas un regard favorable sur Caïn et sur son offrande. Caïn fut très irrité et son visage fut abattu.

Pourquoi l'Éternel accueille-t-il favorablement l'offrande d'Abel et défavorablement celle de Caïn, la Bible n'en dit mot. L'Éternel est muet sur les motifs de son choix. Le pouvoir divin, étant absolu, se doit d'être totalement arbitraire. Il n'a pas à dépendre d'un motif et à donner de raison. C'est le bon plaisir du Seigneur, qui n'est véritablement seigneur que si son sujet est soumis à une volonté qui ne dévoile pas ses mobiles et qui ne peut donc apparaître à sa victime que comme un pur caprice. On n'explique rien à un sujet, on lui donne des ordres ; et plus les motivations de l'ordre sont obscures, plus la puissance du maître est totale. Caïn incarne donc la révolte face au pouvoir absolu et aveugle du *deus absconditus* - mais fort bavard à en juger par le flot de ses interdits, menaces, imprécations et malédictions - qui ravissait Pascal. La Genèse ne dit pas en effet qu'entre sa naissance et son sacrifice Caïn ait péché ou démérité en quoi que ce soit, qu'il se soit conduit plus mal ou moins bien qu'Abel. Peut-être Dieu met-il ici Caïn à l'épreuve comme il fera un peu plus tard avec Abraham en lui ordonnant de lui offrir en holocauste son fils Isaac, sans lui donner non plus la moindre raison de cette exigence barbare, pur caprice destiné à vérifier que le sujet obéit aux ordres en aveugle ; pourtant rien ne l'indique précisément. En revanche, l'Éternel poursuit son jeu avec Caïn, en se moquant ouvertement de lui, puisqu'il feint de l'interroger sur ses réactions. Il lui demande : « Pourquoi es-tu irrité et pourquoi ton visage est-il abattu ? » Nouvelle marque significative du dictateur : il transforme son subordonné en jouet. Staline, qui étudia onze ans au séminaire, poussa ce trait caractéristique jusqu'à l'extrême en multipliant avec ses

« amis » et adversaires le jeu des questions oratoires, des fausses questions, des fausses promesses et des fausses réponses.

L'Éternel n'attend d'ailleurs même pas que Caïn lui réponde : il ne saurait en donner vraiment le droit à son sujet-objet ; ce serait admettre que ce dernier dispose même formellement d'une certaine liberté. L'Éternel continue donc sans attendre, et sermonne Caïn :

Certainement si tu agis bien, tu relèveras ton visage et, si tu agis mal, le péché se couche à la porte et ses désirs se portent vers toi ; mais toi domine-le.

Mais qu'est-ce qu'agir bien ou mal, il n'en dit rien à Caïn, qui ne répond ni à la fausse question de l'Éternel ni à son injonction.

Éloge de la rébellion

La véritable réponse de Caïn n'est pas dans le verbe, mais dans l'acte : il tue Abel, le favori du Seigneur, et à la question hypocrite de l'Éternel qui joue les faux naïfs : « Où est ton frère Abel ? », il répond par un défi ironique : « Suis-je le gardien de mon frère ? ». Le dialogue entre l'Éternel et Caïn ne s'engage donc qu'après le meurtre d'Abel, qui affranchit Caïn de sa subordination, le libère réellement et lui permet de provoquer l'Éternel en paroles. Caïn s'affranchit par le défi en refusant d'être coupable par avance.

C'est cette réalité scandaleuse que les poètes chrétiens se sont attachés à dissimuler. Agrippa d'Aubigné, poète protestant militant, corrige le texte biblique pour dédouaner Dieu. Il écrit dans *Les Tragiques* :

Ainsi Abel offrait en pure conscience
Sacrifices à Dieu ; Caïn offrait aussi.

L'un offrait un cœur doux, l'autre un cœur endurci,
L'un fut au gré de Dieu, l'autre non agréable.

Bref, le rejet du sacrifice de Caïn par Dieu ne serait que la réponse du berger à la bergère. L'Éternel, anticipant sur le futur Abélard, juge sur l'intention (supposée ?) et non sur l'acte. Que cette adjonction à la Genèse soit le fait d'un calviniste militant, partisan fanatique de la prédestination, lui donne un peu plus de sel encore. John Milton reprend cette falsification dans le onzième chant de son *Paradis perdu* :

L'autre offrande n'était pas consumée, car elle n'était pas sincère ; de quoi le laboureur sentit une rage intérieure, et comme il causait avec le berger il le frappa au milieu de la poitrine d'une pierre qui lui fit rendre la vie.

L'ange Michel qui, dans le récit de Milton, déroule cette vision devant les yeux d'Adam lui explique :

L'injuste a tué le juste par envie de ce que le ciel avait accepté l'offrande sanguinaire. Mais l'action sanguinaire sera vengée et la foi du juste approuvée ne perdra pas sa récompense.

Ainsi à l'accusation d'insincérité Milton ajoute le bas sentiment de l'envie, qu'il substitue à la colère de Caïn contre Dieu. Le fabuleux manteau dont la poésie est censée envelopper le monde n'est ici qu'une guenille hypocrite.

Le trafic du texte biblique ne s'arrête pas là. La Genèse constate simplement qu'après leur bref dialogue Dieu chassa Caïn et ajoute : « Caïn s'éloigna de la face de l'Éternel et habita dans la terre de Nod, à l'est d'Éden. Caïn connut sa femme, elle conçut et enfanta Henoc. Il bâtit ensuite une ville, et il donna à cette ville le nom de son fils Henoc. »

D'Aubigné transforme ce paria, mais tranquille bâtisseur, en éternel traqué pourchassé par lui-même. Annonçant en effet Hugo, dont on ne sait s'il a lu ou non l'auteur des *Tragiques*, d'Aubigné remodèle le Caïn ironique et sûr de lui de la Genèse en un être ravagé qui juge lui-même - fût-ce de façon involontaire et inconsciente - son acte, et dessine ainsi dans ce dédoublement la première ébauche du jugement de la conscience. Dès lors il affirme, de façon encore embryonnaire, sa liberté, marquée par sa solitude. Il se pose ainsi comme un être maître de soi, et donc par là de l'univers :

Il fuit de tout le monde, il s'enfuit de soi-même,
Il fut sans compagnon... Il était seul partout

et pourtant

Il possédait le monde et non une assurance.

Le huguenot militant qu'était d'Aubigné n'a sans doute pas perçu toute la signification qu'il donnait ainsi au meurtre de Caïn. Abel possédait, en étant agréable à Dieu, une assurance dont il est privé par Caïn qui, en se dressant contre Dieu, perd la sienne mais y gagne la maîtrise du monde. D'Aubigné n'explique pas ce qu'il entend par là, mais il fait très probablement allusion à la suite du récit de la Genèse, qui décrit l'activité de bâtisseur de Caïn, produit de sa révolte initiale.

Caïn, un meurtrier fondateur

Dès le début Caïn, laboureur, qui travaille la terre, produit et transforme, se distingue d'Abel, gardien de troupeaux, activité purement passive. Après le meurtre, c'est-à-dire l'acte de rébellion contre Dieu, il devient un véritable créateur de civilisation. Il fonde une ville. Parmi sa descendance on trouve « Yubal, le père de tous ceux qui jouent de la harpe et du chalumeau », donc des arts, et « Tubal-Caïn, qui forgeait tous les instruments de fer et d'airain », bref le père de la métallurgie. Et lorsque son arrière-arrière-petit-fils, Lémec, lance à la face de l'Éternel le défi « Caïn sera vengé sept fois » sans préciser en quoi et comment, on peut se demander si la vengeance ne consiste pas précisément dans cette activité de bâtisseur et d'inventeur, c'est-à-dire de « créateur », défi lancé au Créateur qui se voulait unique.

Ce défi se réalise un peu plus tard. Les fils de Noé - Sem, Cham et Japhet -, ultimes descendants de Caïn, reprennent en grand l'entreprise artisanale du révolté ; ils entreprennent de bâtir une ville, la tour de Babel, décision que la Genèse présente comme un défi fondateur :

> *Les hommes trouvèrent une plaine dans le pays de Sinéar et ils s'y établirent. Ils se dirent l'un à l'autre : « À l'œuvre ! Faisons des briques et cuisons-les au feu. » La brique leur tint lieu de pierre et le bitume leur tint lieu de mortier. Ils dirent encore : « Allons, bâtissons une ville et une tour dont le sommet atteigne les cieux. » Inquiet, l'Éternel descend visiter le chantier et commente. « Ils ont entrepris ce travail et maintenant rien ne les empêchera d'exécuter tout ce qu'ils ont projeté. »*

Rien. Ils ont donc les moyens d'y parvenir. L'Éternel sabote alors leur œuvre ; il disperse les bâtisseurs et brouille leur langage pour qu'ils ne se comprennent plus... La divine zizanie réussit : « Ils cessèrent de bâtir la ville », conclut la Genèse.

Ces lointains descendants de Caïn, industrieux, sont donc des bâtisseurs, des constructeurs, des ouvriers, des urbanisateurs, des civilisateurs. C'est en ce sens qu'ils prennent le ciel d'assaut et c'est pourquoi l'Éternel les empêche de poursuivre leur travail, pour tenter de renvoyer l'humanité aux saintes tâches de gardiens de troupeaux qui, au sens premier comme au sens métaphorique, rempliront toujours d'aise les clergés de toute obédience, les « fidèles » formant toujours un troupeau surveillé et tondu par les bergers dont Abel est la figure symbolique.

Cette image de Caïn a été estompée par la vision du tueur. Mais elle a cheminé dans la conscience, interdite, sous la malédiction biblique et ecclésiastique. Elle resurgit de façon emblématique dans *L'Emploi du temps*, de Michel Butor. Le héros rend plusieurs fois visite au vitrail du Meurtrier, de l'ancienne cathédrale de Bleston, « ville de tisserands et de forgerons ». On y voit « Caïn tuant son frère Abel [...] le pied gauche posé sur la poitrine de sa victime allongée [...], brandissant un tronc aux racines échevelées sur le ciel rouge », bref l'image parfaite du meurtrier triomphant. Mais ce n'est là qu'une apparence. Le prêtre qui détaille les éléments du vitrail au narrateur attire son attention sur les autres Caïn qui y sont représentés : « Caïn défrichant la terre et, à droite, offrant au Seigneur des épis et des fruits [...] Et ce maçon qui lui fait pendant à droite édifiant un mur de briques ? Toujours lui... » « Pourquoi cet immense vitrail consacré à un réprouvé ? », s'étonne le narrateur lors de sa seconde visite. Sur le visage de l'ecclésiastique qu'il interroge « s'est dessiné un sourire, comme s'il s'était depuis longtemps attendu à une telle question. "Il faut vous rappeler que c'est une œuvre de la Renaissance ; l'artiste honorait en Caïn le père de tous les arts." » Les panneaux qui entourent la scène du meurtre représentent d'ailleurs la descendance de Caïn, « Yabal, ancêtre de tous ceux qui filent, qui fabriquent et teignent des toiles [...], Yubal, l'ancêtre de tous les musiciens [...], Tubal-Caïn, ancêtre de tous ceux qui travaillent les métaux », bref les fondateurs de la civilisation. L'image de ce vitrail hante le narrateur au point que, près de trois cents pages plus loin, il rattache à ce patronage maudit son long travail d'écriture et d'enquête sur un meurtre. « Cette description exploratrice, dit-il, que je compose, forge et tisse, fils de Caïn. » L'écrivain, en tant que créateur, devient ainsi fils de Caïn parce qu'il « compose, forge et tisse », triade incarnée par le meurtrier de la Genèse. Pour créer, l'artiste ne doit-il pas en effet tuer en lui tout ce qui, par esprit d'imitation, ne peut mener qu'à la répétition stérile, au rite, négateur de l'individu ?

Ce Caïn de la Renaissance ressuscité par Michel Butor a échappé longtemps à l'attention générale. Le manichéisme moralisateur de Hugo ne pouvait guère lui permettre de voir en Caïn autre chose que le stéréotype de l'assassin fratricide, chez qui s'éveille néanmoins la conscience. Caïn est chez lui l'incarnation du mal ; il est le premier des trois fils de Satan ; au début de *La Fin de Satan*, Hugo décrit la chute interminable de l'esprit du mal par une triple malédiction qui porte les noms de Caïn, Judas et Barrabas.

Il cria Mort ! les poings tendus vers l'ombre vide
Ce mot plus tard fut homme et s'appela Caïn...

Le manuel scolaire *Approches littéraires* publié en 1976 chez Bordas soulignait dans un développement intitulé « Caïn le fondateur » : aussi longtemps que l'essentiel est la « relation de l'homme à Dieu [...] on ne voit en Caïn que le "maudit" et l'on passe sous silence ses attributs de bâtisseur. »

La satanisation de Caïn

Bref, Satan semble bien n'être que l'incarnation du mal, et Caïn son premier et digne héritier. Mais Hugo, en transférant sur le plan de la poésie les questions du bien et du mal, tend à dépasser la simple opposition moralisatrice : ce dépassement chez lui s'opère par la réconciliation universelle qu'engendre l'amour (Dieu dit à Satan : « L'ange Liberté, c'est ta fille et la mienne ! Cette paternité sublime nous unit ! ») ou par le lien créateur qui unit liberté et révolte, voire liberté et révolution (dans *Quatre-vingt-treize*). Et Caïn est celui par qui la conscience naît. La conscience, dans *La Légende des siècles*, ne se réduit pas au poncif scolaire que l'on ne saurait échapper au remords et que le crime ne paie pas ; la fuite éperdue de Caïn n'est pas seulement une course inutile pour échapper au jugement qui le traque, inutile parce que ce jugement, c'est-à-dire la conscience au sens à la fois psychologique et moral, est en lui ; c'est dans cette fuite même que Caïn et ses fils réalisent leurs fonctions de bâtisseurs de villes et de créateurs de la musique.

Yabal dresse une immense tente, Yubal,
Père de ceux qui vont passant dans les bourgs
Soufflant dans des clairons et frappant dans des tambours,

construit, lui, un mur de bronze. Et Henoc proclame :

Bâtissons une ville avec sa citadelle
Bâtissons une ville et nous la fermerons.
Alors Tubal-Caïn, père des forgerons
Construisit une ville énorme et surhumaine.
Le granit remplaça la tente aux murs de toile.
On lia chaque bloc avec des nœuds de fer.

Et ces fiers bâtisseurs cultivent en eux l'esprit de la révolte, héritage direct de leur père, car le soir ils lançaient « des flèches aux étoiles » et, sur la porte de la ville, ils gravèrent « Défense à Dieu d'entrer ». Mais l'idéalisme de Hugo lui interdit de conclure son poème sur cette vision épique des révoltés-constructeurs qui peuvent créer parce qu'ils rejettent Dieu.

Dès le récit de la Genèse, la révolte apparaît comme le trait caractéristique de Caïn, au point que l'on peut se demander s'il ne tue pas Abel essentiellement pour se venger de l'arbitraire de l'Éternel en sacrifiant son favori. Ce trait, estompé au cours des siècles du Moyen Âge et du classicisme, qui faisaient de l'obéissance, du respect de l'autorité et de l'imitation un véritable culte, réapparaît avec le romantisme et son exaltation du moi. Il se perpétue même chez le parnassien Leconte de Lisle. Chez ce dernier, le messager de l'Éternel, le Kheroub, raille la « révolte inutile » parce qu'impuissante de Quaïn et le somme de se soumettre. « Prie et prosterne-toi », lui enjoint-il. Quaïn l'envoie fermement promener :

Je resterai debout ! Et du soir à l'aurore
Et de l'aube à la nuit, jamais je ne tairai
L'infatigable cri d'un cœur désespéré.
La soif de justice, ô Kheroub, me dévore.

Et dressant un véritable acte d'accusation contre l'Éternel, Quaïn, que Leconte de Lisle appelle alors Le Vengeur, lance un véritable défi à Dieu :

Mon souffle
Un jour redressera ta victime vivace.
J'effondrerai des cieux la voûte dérisoire.
Je ferai bouillonner les mondes dans leur gloire
Et qui t'y cherchera ne t'y trouvera pas.

Ayant ainsi tué Dieu, le Quaïn de Leconte de Lisle annonce la résurrection d'Abel, conséquence directe de la mort de l'Éternel, anéanti dans sa stérilité et ainsi dénoncé comme le véritable meurtrier d'Abel.

Mais on n'a encore ici que le prolongement épique de la

révolte romantique de l'individu face à l'autorité, une sorte de renversement des valeurs du texte biblique agrémenté, par ailleurs, d'un anticléricalisme virulent. Ainsi Quaïn, voltairien avant l'âge, dénonce les « prêtres, loups aux mâchoires robustes, repus de graisse humaine ».

Ce que ni Hugo, ni bien entendu Leconte de Lisle n'ont pu faire, Baudelaire y parvient en élargissant la protestation du Caïn de Byron. Il donne à sa révolte une dimension universelle en la transférant de l'épopée au monde de chaque jour et de tous les temps ; déjà Hugo esquissait cette transmutation. L'œil qui, dans son poème, poursuit Caïn, est toujours dressé face à lui parce qu'il est en lui. Caïn est donc la première image de l'homme qui se juge lui-même (au lieu d'être jugé par la force extérieure à lui qu'est la divinité) en même temps qu'il est avec ses fils le premier des bâtisseurs. Il fait donc faire un pas gigantesque à la conscience. Mais Hugo, pair de France et académicien, ne peut, si visionnaire soit-il, aller jusqu'à sublimer le « crime » en révolte créatrice et émancipatrice. Cette transmutation est réservée au regard ironique de Baudelaire.

L'avant-dernier et le plus court des livres des *Fleurs du mal*, « Révolte », comporte trois poèmes placés dans un ordre chronologiquement étrange : « Le reniement de saint Pierre », « Abel et Caïn », et « Les litanies de Satan ».

« Abel et Caïn » est constitué de seize distiques répartis en deux séries inégales de douze et de quatre. La première série décrit en un contraste brutal la situation de la « race d'Abel » et de la « race de Caïn » dans le monde tel qu'il est ; la seconde, le destin futur de l'une et de l'autre. Baudelaire oppose la réussite sociale, financière et morale de la race d'Abel, celle des repus satisfaits, et la détresse, la misère, la malédiction des parias affamés qui descendent de Caïn. Tout réussit à Abel et à ses descendants :

Race d'Abel, dors, bois et mange,
Dieu te sourit complaisamment.
Race d'Abel, aime et pullule,
Ton or fait aussi des petits.
Race d'Abel, tu crois et broutes
Comme les punaises des bois.

Et pendant ce temps la race de Caïn « hurle la faim comme un vieux chien [...], tremble de froid, traîne sa famille aux abois ».

Caïn et Prométhée

La seconde partie opère un renversement brutal, une révolution au sens originel. Les descendants d'Abel meurent ou plutôt crèvent, pendant que ceux de Caïn se lancent à l'assaut du ciel :

Ah, race d'Abel, ta charogne
Engraissera le sol fumant !
Race de Caïn, au ciel monte,
Et sur la terre jette Dieu !

Caïn est ici plus encore que le fils ou le frère de Prométhée qui se contente de ruser avec Zeus, il est le fils ou le frère des Titans lancés à l'assaut de l'Olympe, le père des constructeurs de la tour de Babel (c'est-à-dire de la *ville*), le père des révoltés de tous les siècles à venir, le négateur de Dieu. C'est pourquoi Baudelaire le place au centre de sa triade de la révolte entre « Le reniement de saint Pierre » (« saint Pierre a renié Jésus ; il a bien fait ») et « Les litanies de Satan », ce dernier chanté comme « le plus savant et le plus beau des anges, [...] prince de l'exil, [...] bâton des exilés, lampe des inventeurs, confesseur des pendus et des conspirateurs ».

Dans son long essai sur l'auteur des *Fleurs du Mal*, Jean-Paul Sartre, acharné à démontrer que Baudelaire « veut être libre dans le cadre d'un univers tout fait », et qu'il « fuit cette vérité redoutable que la liberté n'est bornée que par elle-même » *(sic)*, ne s'intéresse pas un instant à ces vers ; il les occulte, sans doute afin de dessiner plus aisément l'image d'un Baudelaire ne contestant le conformisme que pour mieux en accepter le cadre. Or si l'on peut à la rigueur réduire les hommages à Satan au dandysme littéraire des messes noires, l'opposition radicale de la race de Caïn à celle d'Abel ne saurait se ramener à une vague mode satanique.

André Maurois rappelle qu'après la publication du *Caïn* de Byron « les clergymen prêchèrent contre ce Prométhée calviniste de Kentish Town jusqu'à Pise ». Rapprocher ainsi Caïn de Prométhée n'est pas un effet de manchette du démonisme byronien. La comparaison n'est pas le fait de Byron ; elle découle de l'image même d'un personnage victime de l'arbitraire de la divinité, arbitraire d'autant plus intolérable qu'il se présente au nom de la justice.

Le récit biblique le confirme et donne un fondement supplémentaire au rapprochement avec Prométhée, qui, rappelons-le, en donnant aux hommes le feu de l'intelligence que Zeus leur refusait, est le vrai fondateur de la civilisation. Il est en même temps victime de l'injustice et de l'arbitraire du roi des dieux qui, « tient le droit à sa discrétion », proteste le Titan. En même temps, Prométhée cloué sur son rocher proclame fièrement :

> *Tous les arts des mortels viennent de Prométhée. Avant lui, les hommes ignoraient les maisons de briques ensoleillées. Ils ignoraient le travail du bois.*

Et Prométhée détaille, soixante vers durant, les bienfaits

qu'il a apportés aux humains ; il conclut la liste par le travail des métaux :

> *Les trésors que la terre cache aux humains, bronze,*
> *fer, or et argent, quel autre leur a révélé avant moi ?*
> *Personne, je le sais.*

Caïn diffère en un point de Prométhée : il est à peu près muet ; il agit et ne parle guère, alors qu'en bon Grec du Ve siècle, le Prométhée d'Eschyle est un orateur complaisant qui commente ses propres actes pour émouvoir et convaincre. Le quasi-silence de Caïn reflète son rejet obstiné d'un destin préétabli.

On ne peut donc guère voir en lui un « Prométhée calviniste ». Le calviniste en l'occurrence est l'Éternel ; Caïn, en refusant la prédestination, incarne l'esprit du refus, celui qui dit non, comme Prométhée. La Genèse suggère, involontairement, que c'est là la condition même de toute vie authentique. Abel, en effet, meurt sans descendance. Toute l'humanité descend de Caïn, le laboureur-tisserand-métallurgiste et musicien. « Toute vie sociale est essentiellement pratique », affirme Marx dans la huitième de ses *Thèses sur Feuerbach*. Repoussé par Dieu et le rejetant en retour, Caïn, remplace l'offrande méprisée, c'est-à-dire le sacrifice, par l'action librement décidée par lui. Il se livre à une multitude d'activités pratiques, fonde une famille, fait des enfants dont sa femme ne dira pas comme Ève qu'ils sont un don de l'Éternel, bref remplace la vie « naturelle » que symbolise le berger Abel par la vie sociale. L'Éternel tentera de l'anéantir par le Déluge. Mais l'art du menuisier, hérité des fils de Caïn, permet à Noé de construire une arche. En refusant l'arbitraire, le fait du prince, et en inventant l'activité pratique qui transforme la nature et la soumet aux besoins de l'homme, Caïn est le père mythique des arts et des armes, et donc des lois.

Au commencement était l'envie

PASCALE HASSOUN

« Caïn, qu'as-tu fait de ton frère ? »
...Et le Seigneur regarda *favorablement* Abel et ses présents.
Mais il ne regarda point Caïn ni ce qu'il lui avait offert. C'est pourquoi Caïn entra dans une grande colère et *son visage en fut tout abattu*[1].

Le Seigneur dit ensuite à Caïn : « Où est ton frère Abel ? » Il lui répondit : « Je ne sais. Suis-je le gardien de mon frère[2] ? »

Parmi toutes les iconographies concernant Caïn et Abel, il en est une assez inhabituelle qui représente Caïn non pas au moment où il offre son sacrifice à Dieu ou au moment du geste fratricide, mais au tout début de sa vie. On peut voir sur une fresque intitulée *Les Deux Enfants d'Adam et Ève*[3] un tableau de famille représentant Ève tenant sur ses genoux son dernier-né Abel, jeune enfant à qui elle offre le sein. Légèrement à côté d'elle, un autre enfant, âgé de deux à trois ans, Caïn, se dissimulant et se tenant à l'arbre qui soutient la maison. Il regarde à la dérobée sa mère et son jeune frère. Sur le côté gauche du tableau, Adam se tient debout, un peu à l'écart, mais dans toute sa majesté.

Se peut-il que le drame de Caïn ait commencé dès cette scène de l'enfance ? Se peut-il qu'il ait porté en lui dès son plus jeune âge ce qui plus tard s'achèvera par la non-reconnaissance par Dieu de son offrande, suivie du meurtre de son frère et de son propre bannissement ?

Le jeune Abel obsède Caïn depuis que, enfant, il l'a de ses propres yeux vu sur les genoux de sa mère prenant le sein avec ravissement. Ne sommes-nous pas là, comme saint Augustin le remarquera plus tard dans ses *Confessions*, devant « un cas de jalousie chez un petit enfant : il ne parlait pas encore et il regardait blême, avec une expression d'amertume, son frère de lait[4] ».

Depuis, Caïn n'a jamais plus connu la paix. Son cœur est lourd, cœur empli de rage, cœur aux nuages bas. Son humeur est sombre. Son front est barré par l'inquiétude. Il est grand, son corps d'où émane une sensation de force est massif et lourd. Mais cette force est étrange, elle est comme entravée, contrainte, maladroite.

Qu'il erre maintenant, après avoir tué son frère, qu'est-ce que ça peut bien lui faire, car il y a bien longtemps que sa vie n'est qu'errance. Depuis ce temps lointain où brutalement il s'est senti rejeté par son jeune frère. Lui, Caïn, était à peine plus âgé qu'Abel lorsqu'Abel lui a pris sa place. Place qui était la sienne, dont il avait encore besoin, mais donnée dorénavant à son jeune frère. Place qui était le lieu secret d'un plaisir profond. Comme il aimait rester sur les genoux de sa mère, comme il aimait qu'elle lui ouvre les bras, comme il aimait s'agripper à elle jusqu'à la forcer à le saisir. De ses jambes qui nouvellement le portaient aux quatre coins de la maison, il prenait plaisir à courir vers elle, vers cette place qui sans lui restait vide, en attente de lui. Il se plaisait à jouer ainsi à aller et venir vers elle, à la quitter en sachant qu'elle était toujours là. Il riait, en se croyant grand et indépendant, comme si c'était lui qui avait le pouvoir magique de décider à chaque instant, tel un petit tyran, de ce qu'il adviendrait de cette place qui était son lieu, et à partir de laquelle il construisait son unité. Jamais il ne lui était venu à l'esprit que cela puisse changer. Fort de cette certitude, il avait appris à aimer son père, à condition toutefois que celui-ci respecte sa place. Il jouait à aller de l'un à l'autre, confiant que le jeu s'achèverait dans les bras maternels.

Soudain, par décision parentale, il avait été poussé dehors. Dehors, là où règne le froid et la solitude, cœur glacé, corps perdu, chute dans le vide, ciel sans étoiles, terre inhabitée. Sa place avait été prise. Sa place était occupée par un autre, presque semblable à lui. Il s'était retrouvé là, bêtement, stupidement, planté devant sa mère donnant le sein à son jeune frère. Il ne pouvait sans pâlir détourner son regard de son frère de lait. D'un seul coup, il avait perdu la joie de vivre, le mouvement. Il était fixé à jamais, tel le poteau qui soutient la maison de son enfance, cloué au sol, de peur que tout ne s'écroule et que le sol lui-même ne s'entrouvre. Il avait été pris d'un vertige et d'une angoisse épouvantables. Il avait senti que la vie s'enfuyait de lui, le quittait. Il était devenu d'une pâleur extrême, peau translucide qui ne le protégeait plus : il recevait la brûlure du soleil, les coups de la pluie, les gifles du vent, comme si plus rien en lui ne l'abritait. Il était comme « déshabité » de toutes ses émotions. Jusqu'alors, sa mère lui servait de refuge pour ses émotions. Il n'avait pas peur d'en éprouver la violence, il n'avait pas peur d'être envahi par elles, car il savait qu'il trouverait en sa mère un abri, qu'elle saurait les accueillir, les prendre en elle et qu'elle les lui redonnerait adoucies. Comme il aimait, après un moment de faim intense, de colère brutale, de rage même, ou après un moment de rire si violent qu'il lui semblait que la lumière était trop forte pour lui, lumière blanche du plein jour, comme il aimait la sentir, elle, sa mère, bouleversée certes, mais attentive à trouver les mots ou les gestes qui l'apaisaient. C'était comme si ces émotions vécues ainsi à deux creusaient en lui un fleuve puissant de vie, fleuve tumultueux parfois mais dont il n'avait pas peur.

En perdant ce lieu que sa mère lui offrait, en la voyant occupée à un autre que lui, il la perdait et se perdait. Bien plus, Caïn se demandait si cette pâleur n'était pas le signe d'un mal originaire, présence au fond de son être d'une sorte d'instinct de mort.

Caïn n'avait pas pu sans pâlir arrêter son regard au spectacle de son frère de lait. Le spectacle était amer et lui, Caïn, qui regardait son frère, s'était senti atteint par cette amertume. Qu'on s'arrête un instant à l'enfant qui se donne en spectacle et à celui qui le suit du regard. Quel est le plus spectateur ? Caïn était tout regard et, par la fonction même du regard, il s'était retrouvé aux deux places, participant des deux positions. Qu'il tente de se détacher de sa fascination et la pâleur envahissait tout son être, comme si, au moment même où il tentait de s'en détacher, il en prenait alors toute la mesure et éprouvait l'effet que la scène avait sur lui.

Alors, il avait regardé Abel d'un regard empoisonné. Il avait tenté d'y mettre toute sa force, toute la force du petit être fougueux qu'il était, quitte à ne plus la retrouver jamais, toute sa force pour empoisonner cet intrus. Il avait donc déjà tenté de le tuer une première fois. Mais ce regard s'était retourné contre lui, le poison destiné à son frère s'était infiltré dans ses veines, noircissant à tout jamais son sang et, depuis, il n'avait cessé d'être en proie au regard. Que ce soit autour de lui, dans les champs, les bois, les marais ou les airs, que ce soit là-haut dans le ciel ou que ce soit en lui. Longtemps son regard avait couvé au feu du désarroi et de la méfiance. Il avait couvé sous ses paupières qui ne connaissaient plus la fraîcheur de la certitude. Caïn avait perdu son regard plein de curiosité enjouée, car son frère lui avait volé sa joyeuse insouciance. Son regard avait mûri au feu de la détresse et de la solitude. Il avait été atteint dans son regard ; son regard était devenu un voir qui fait mal. Il n'arrivait plus à savoir ce que ça pouvait être d'être lui-même, de pouvoir se voir, car il était sans arrêt projeté dans l'autre. Le plaisir de voir, d'être vu et surtout de se faire voir était devenu comme impossible. Il se l'interdisait. Regard cousu.

Autour de lui, Caïn avait fraternisé avec les insectes aux yeux globuleux, avec ces papillons aux ailes tachées d'ocelles, avec ces oiseaux qui à la nuit tombée rouvrent leurs yeux, déploient leurs ailes et prennent en silence leur vol. On les dit de mauvais augure. On va même jusqu'à prétendre qu'ils portent le mauvais œil.

En effet, Caïn était devenu envieux. Le bonheur d'autrui faisait son mal, pouvait-on rien voir de plus brutal ? Rien ne pouvait le réjouir vraiment. Bien plus, rien ne pouvait davantage le réjouir que le malheur qui aurait pu atteindre ses plus proches. Il se sentait plein de fiel et de venin. S'il s'était laissé aller à ce fiel qui lui rongeait le cœur, il se serait plu à perdre par une secrète contagion le plus de gens de bien, sans épargner les plus proches ni ceux dont il faisait semblant d'être l'ami. Il éprouvait sans cesse un sentiment de colère, craignant toujours qu'un autre ne possède quelque chose de désirable et n'en jouisse. Alors il était pris d'une impulsion envieuse, l'amenant à s'emparer de cet objet ou à l'endommager. C'est la créativité et la joie même de l'autre qu'il voulait détruire. Il se sentait accablé et triste. Triste passion que cette haine envieuse pour son frère.

Devant lui, en avant de lui, un autre presque identique à lui-même avait occupé sa place. Et il s'était interrogé :

qu'était-il celui-là, devant lui, presque semblable à lui ? Était-il un autre différent, ou était-il celui qu'il était lui-même quelques instants auparavant ? Cet autre là, devant lui, était-il vraiment un autre ou était-il la projection de lui-même en avant de lui dans un autre ? Et cet autre qui le fixait comme lui le fixait, n'était-il pas en train de lui prendre ce qui était lui ? Cet autre qui était lui n'était-il pas en train de lui dérober son moi ? de lui dérober ou de lui en donner l'accès ?

Il aurait voulu que l'image s'arrête. Il aurait voulu la fixer à jamais. Il aurait voulu qu'elle ne lui échappe pas, car il ne comprenait pas ce qui lui arrivait, si ce n'est que plus rien ne serait comme avant.

Caïn s'était retrouvé comme en rivalité avec un autre lui-même. Oh ! comme il le comprenait cet autre, comme il se sentait affectivement identique à lui, comme il lui suffisait de peu de choses pour participer à son contentement et à sa satisfaction ! En lui, celui qui avait connu ce même bonheur était tout proche. Il pouvait encore l'atteindre et éprouver ce que son frère de lait éprouvait. Mais, en même temps, dans le même instant, il se sentait terriblement agressé par cet autre qui était en train de lui dérober son objet le plus cher. Il se sentait agressé par cette image de lui-même, par le tableau dont il faisait partie, mais dont il était aussi exclu. Il se sentait capturé par une jalousie dont il entrevoyait déjà, de façon fulgurante, la valeur initiatrice. Il se sentait agressé et agressif envers ce frère rival, d'une agressivité ambivalente, chargée d'amour et de haine et, peu à peu, se faisait jour en lui une forme de ressentiment.

Avait-il été tenté de refuser ce que son frère amenait avec lui d'irréversible, de refuser ce réel incontournable, refus qui l'amènerait tôt ou tard à vouloir le détruire ? Allait-il au contraire pouvoir se détourner de cette dépossession emprisonnante pour jouer la rivalité jusqu'à constituer un autre objet qui ferait surgir autrui ? S'était-il senti capable de lâcher cet objet privé pour lui donner le statut d'un objet de désir ? Aurait-il pu renoncer à cette jouissance première totalisante, unifiante, pour accepter cette irruption de la vie qui aurait été suivie d'autres irruptions ?

Mais pour lui, à ce moment-là, au commencement avait été non pas la vie mais l'envie. Moment où il avait à partager une première fraternité d'autant plus difficile à partager que son frère se trouvait dans la position idéale de posséder l'objet total. Cette image idéale pouvait être tout autant source d'émulation que de compétition, ou bien de guerre.

Son entrée dans le monde avait ainsi été marquée - et sans doute elle le serait pour le reste des humains à venir - par le fait que ce qui était organisateur du lien social avait été ce qui l'*attachait* (l'attaquait ?) à son semblable. Après tout, il aurait pu tourner le dos à cette scène et s'occuper de ses petites affaires. Il n'en avait rien été. Il en avait été acteur et quels que soient les ravages qu'il en avait ressentis, il avait été contraint de fournir ses propres réponses.

Il avait tenté de s'en sortir. Il s'était consacré à l'agriculture. Il travaillait du matin au soir et était payé de ses efforts. Les blés mûrissaient au vent, l'orge sentait bon, le houblon après avoir bruni au fond des rivières dispensait son doux et envoûtant breuvage, le maïs était lourd de tous ses grains couleur d'or. Personne ne manquait de rien. Ni les humains, ses parents, ni les bêtes de son frère Abel.

Il avait tenté de prendre sur lui et de fraterniser avec son jeune frère. Il y était d'autant mieux parvenu qu'il avait pris bien soin de ne pas faire la même chose que lui. Il avait pris bien soin que son semblable, par lequel il avait tant souffert, soit bien inscrit dans une différence : l'un à l'agriculture, l'autre à l'élevage.

Mais était-ce d'introduire ainsi une bipartition qui pouvait lui apporter la paix ? Certes non, car cette répartition des tâches ne résolvait en rien ce qui ne pouvait se résoudre qu'au lieu même où le trouble avait surgi : en son cœur. Il eût fallu qu'en son cœur il puisse comprendre que c'était aussi à être brisé, à être atteint, à être divisé, à être affecté que ce cœur devenait parlant. Mais pour cela, il eût fallu que sa blessure puisse être accueillie par l'Autre. C'est en homme blessé que Caïn offrit à Dieu le fruit de sa récolte. Aussi la non-reconnaissance de Dieu le laissa-t-il en perdition.

Peut-être aussi, ce qui aurait été susceptible d'introduire une pacification avec son semblable eût été cette opération psychique visant à reconnaître que cet objet - que l'imaginaire lui avait amené à situer en sa possession et dont il s'était trouvé dérobé - n'était en réalité ni chez Abel ni chez lui, qu'il était entre eux deux, tombé entre eux deux. Il aurait vu alors que cette chute était susceptible de constituer une dimension non négligeable ; en effet, à la place de l'envie, elle aurait mis le désir. Il aurait ainsi pu percevoir que son semblable et lui étaient tous deux victimes d'une même déception, et à l'envie il aurait peut-être pu substituer l'amour.

Substituer l'amour, c'est fonder le rapport à autrui non plus sur la concurrence par rapport à l'objet qu'il est supposé posséder, que je lui prête, mais c'est le fonder sur le défaut dont autrui est frappé ; le malheur qui est le sien. Car l'amour est évidemment le sentiment suscité par ce qui vient manquer à l'image de mon semblable.

Au commencement est l'envie, si l'on admet que ce rapport à mon image dans l'autre, telle que Caïn la vit, marque l'organisation du monde. Cette image de Caïn dans l'autre est cette première fraternité qu'il a à partager avec son frère mais qui fonctionne comme un idéal. Le paradoxe de ce moment inaugural est que là où Caïn a un frère, *son* frère, il a aussi l'expérience d'une désappropriation de lui-même par l'image dépositaire d'un objet précieux que son frère lui fait voir sans le lui donner.

L'envie est donc organisatrice du lien social, c'est-à-dire de ce qui attache chacun à son semblable. Mais pas de n'importe quelle façon, par l'intermédiaire d'un objet que le semblable posséderait qui est cause de mon malaise, de mon évanouissement et que je vais vouloir capter.

Toute la question sera de savoir ce qui fait que cette envie sera source d'émulation, de compétition ou de guerre : si celui que j'aime tant est aussi mon ennemi toujours latent, alors je peux soit refuser la rivalité et me replier sur ce qui suffit seul à me nourrir, soit me battre avec lui et, dans une émulation réciproque, produire du nouveau. Mais qu'est-ce qui me garantit que l'émulation sera honnête ? Qu'est-ce qui peut éviter de prendre le virage de la compétition à la guerre ? À partir de quel moment une justice sociale basée sur les règles de l'envie, c'est-à-dire un rapport à l'autre qui suppose identification affective *et* rivalité, doit-elle faire appel aux règles de l'éthique ou de l'idéal pour venir tenter de limiter l'effet captateur de l'objet ? Ceci de manière bien modeste, car nous savons, dès les premières pages de la Genèse dans l'épisode de Caïn et Abel, que le fait d'appartenir à un même père, à une même fratrie, à un même idéal, n'a pas empêché le meurtre de prendre la place sur l'émulation.

Y a-t-il une morale à l'histoire de Caïn ? Malgré notre enseignement moral qui veut que nous refoulions tout ce qui est de l'ordre de l'envie, qui veut qu'à l'envie qui organise notre vie sociale nous substituions l'amour, l'envie est-elle une faute ? Caïn a-t-il commis une faute ? De quelle faute Dieu a-t-il voulu punir Caïn ? Du meurtre de son frère bien sûr, mais Dieu n'a-t-il pas tout fait pour susciter la haine de Caïn ? La faute de Caïn serait-elle déjà dans le sentiment envieux, c'est-à-dire dans la haine dont il est envahi du seul fait de la vision de son frère Abel ? Dieu ne serait-il pas seulement venu exorciser ce qui était déjà au cœur de Caïn ?

Cette haine est-elle une faute ? Ou bien ce qui fait de l'envie une faute morale ne vient-il pas de la duplicité ? Par identification à son frère, Caïn est à la fois agresseur et agressé, la violence est à la fois agie et subie. La morale ne prendrait-elle pas son fondement dans cette division intrapsychique du sujet ? Si oui, alors la morale, comme la culpabilité, ne serait pas seulement une dimension du drame, mais serait le drame lui-même. Drame d'une division intrapsychique sans solution par l'amour. La morale relève ici de la Loi, de l'arbitraire de la Loi.

À ce stade du tourment fratricide, la seule règle est celle de l'arbitraire de Dieu, qui interdit à l'enfant un retour au sein maternel. Plutôt pas de lieu, le lieu de l'exil, qu'un retour au sein maternel.

notes

1. Souligné par nous.
2. Genèse 44, 5 et 9. Traduction de la Vulgate par Lemaistre de Sacy.
3. Fresques murales de la chapelle de Saint-Gonéry (XVe-XVIe siècles) à Plougrestan (Côtes-d'Armor).
4. Saint Augustin, *Les Confessions*, Paris, Desclée de Brouwer, Bibliothèque augustinienne, livre I,7, p. 293.

Caïn et Abel

SHMUEL TRIGANO

On ne comprendrait pas le récit que la Bible nous donne du premier rapport interhumain, et de son échec, sans le replacer dans la perspective initiale du livre de la Genèse. Ses quatre premiers chapitres, qui se terminent sur l'histoire de Caïn et Abel, relatent le processus de la création du monde, des êtres vivants et de l'homme. Ils nous font pénétrer dans le « laboratoire » du Créateur où est expérimentée la création qui se fait, avant même que l'histoire de l'homme n'ait commencé... Elle ne devient effective en effet qu'au début du chapitre 5 : « Voici le livre des générations d'Adam. »

Une réflexion sur le statut de ces textes dans l'économie judaïque de la Bible est nécessaire pour comprendre leur signification. Notre hypothèse est que ces premiers chapitres ne doivent point être lus - dans la perspective spécifique au texte lui-même - dans le sens de la chronologie réaliste mais dans le sens de la « simulation » symbolique, à la façon dont on parle de « simulation » d'une situation réelle dans une expérience de laboratoire. Autrement dit, dans le regard propre à la conscience judaïque, l'histoire de Caïn et Abel, tout comme l'aventure du jardin d'Éden - ou la création du monde - ne se sont jamais « produites » dans l'histoire, c'est-à-dire dans l'univers de l'action et de la conscience de l'homme. Elles appartiennent au temps de la création et non au temps de la créature. On entend une semblable idée dans cette phrase du Zohar :

Pourquoi dit-on au sujet de Seth : « Adam enfanta

> *selon sa ressemblance et sa forme » (Gn 5,3), alors qu'on ne le spécifie ni pour Caïn ni pour Abel ? Rabbi Hiya répondit : « Caïn et Abel n'ont existé que pour faire apparaître une allusion suprême et un secret de gloire et non pour constituer le monde. Seth par contre ne vint au monde qu'afin que se déroule la chaîne*[1]. »

Cette approche explique peut-être pourquoi l'aventure du jardin d'Éden n'a jamais donné naissance dans le judaïsme à une théologie du péché originel ni à un quelconque jugement négatif sur la nature de l'homme et du monde... Ce temps d'avant l'histoire de l'homme est un temps hors du temps dans lequel la Divinité expérimente Son œuvre et pose Ses fondations, ses structures et ses limites. Nous en trouvons une autre expression dans cette idée talmudique selon laquelle la Divinité a créé des milliers de mondes avant d'arriver à créer un monde qui puisse se maintenir. Ces mondes successifs étaient en effet créés en référence exclusive à la rigueur et à la justice et ne pouvaient perdurer ; Dieu ajouta alors de la grâce, ce qui donna naissance à notre monde...

Une autre figure de la même idée peut être trouvée dans le commentaire que fait Rashi du verset de Gn 1,11 : « Dieu dit que la terre produise des végétaux, à savoir des herbes renfermant une semence, des *arbres-fruits* faisant leur fruit selon leur genre, dont la semence est en eux sur la terre ! » En le comparant au verset suivant : « La terre produisit... *un arbre faisant son fruit* et comportant sa semence selon son genre », il conclut que la terre n'a pas obéi au Créateur. Or, une telle situation ne peut se comprendre que dans le cadre d'un processus continu de création durant lequel toutes les potentialités de la créature sont éprouvées : la terre tout comme l'humain peuvent échapper durant cet « essai » à la gouverne du Créateur (et c'est l'illustration, en fait, de la présence structurelle de la liberté dans la création)...

Le texte qui suit le récit de Caïn et Abel nous ouvre à vrai dire, à lui seul, une telle perspective. Le plus évident est Gn 5,3 : « Adam, ayant vécu cent trente ans, produisit un être à son image et selon sa forme et lui donna pour nom Seth », par où l'on entend que Caïn et Abel, suffisamment importants pour que le texte leur consacre un fameux chapitre, ne sont pas pour autant comptés dans la descendance d'Adam, comme s'ils n'avaient pas existé... C'est comme si le Créateur s'y reprenait à plusieurs fois pour créer l'homme, comme si sa création nécessitait une reprise permanente et à des niveaux différents du projet de l'humain. La Genèse propose ainsi trois récits successifs de cette création, dont la dernière est énoncée au début du chapitre 5, immédiatement après le récit d'Abel et Caïn, aboutissement des expérimentations et tâtonnements successifs des débuts de la Genèse. Ainsi, il est important de statuer sur le fait que l'histoire du rapport humain ne commence pas sur l'échec et le meurtre tout comme sur le fait que le « péché » d'Ève n'a jamais eu « lieu ». Ce qui explique la compréhension résolument optimiste du judaïsme, travaillée par l'espérance, lorsqu'il lit ces textes.

Les récits de ces deux échecs retracent l'expérience du champ de la liberté humaine et de ses dévoiements possibles. L'un - le jardin d'Éden - envisage la transgression envers Dieu et le projet esquissé de l'humain, l'autre prend en considération le champ du rapport social, mais aucun ne nous dit que tel est le destin inéluctable de l'humain. Ils mettent en scène une sorte de projection « théorique » de l'avenir potentiel de l'homme. Ce scénario en puissance ne peut se comprendre qu'à la lumière du premier moment de la Genèse où est implicitement posée la liberté de l'homme - dans la mesure, bien sûr, où une « créature », qui *reçoit* au départ passivement son être, est libre (mais cette restriction reste à jamais théorique car toute existence sur terre est « reçue »). La Genèse commence en effet par l'éclipse de Dieu dont le Nom ne s'énonce pas immédiatement au début du Livre. Le Créateur ne se tient pas souverainement à l'origine, qui, elle-même, est cachée. Le commentaire rabbinique a ainsi beaucoup glosé sur le fait que le récit commence par la deuxième lettre de l'alphabet - *Be-reshit*, « Au commencement » (traduction approximative) - alors qu'il aurait dû commencer par sa première lettre, l'*aleph*, lettre de toute façon imprononçable et silencieuse... Cette absence de Dieu se traduit ainsi par le « tohu-bohu » et l'obscurité qui caractérisent les premiers temps du monde. C'est le désordre qui règne et l'ordre ne s'impose pas dès l'origine, de sorte que la future créature tout comme la nature disposent d'une marge de liberté et de volonté pour s'écarter éventuellement du projet divin (*cf. supra* le commentaire de Rashi). L'ordre consiste justement en un processus de « séparation » (en hébreu, *kedousha*, « sanctification ») exponentiel et permanent. Depuis la séparation du Créateur d'avec sa créature, jusqu'à la séparation de l'homme et de la femme, en passant par la séparation des cieux et de la terre, des espèces entre elles, l'enjeu consiste à ce que cette séparation n'aboutisse pas au divorce et à la guerre - que ce soit entre Dieu et l'humain ou entre l'homme et l'homme - mais à l'« alliance », le concept clé de la Bible.

Trois possibilités de dévoiement du rapport né de cette séparation sont ainsi envisagées : dans le récit du jardin d'Éden où est en jeu le rapport à Dieu, dans le rapport de l'homme et de la femme, qui tous deux font l'« Adam » (Gn 1,27), et dans le récit de Caïn et Abel où est en jeu le rapport de l'homme à l'autre homme. Les trois récits racontent un échec : la transgression de l'impératif divin (Gn 3), l'échec de la communication entre Adam et Ève - Adam n'a pas expliqué à Ève le sens du commandement (car c'est à Adam seul avant la manifestation d'Ève (Gn 2,16) que l'ordre a été donné) avant que le serpent ne parle - et le meurtre du frère. Mais nous avons avancé l'idée qu'il s'agit là de trois potentialités de dévoiement du projet de la création, dans l'histoire de la créature appelée à s'accomplir tout au long de l'histoire humaine dont le projet est l'alliance. Tout dévoiement s'apparenterait ainsi à ces trois modèles auxquels l'alliance est censée apporter une « réparation ». Ainsi, on ne peut séparer l'échec éventuel du rapport fraternel de l'échec du rapport avec Dieu ou du rapport de l'homme et de la femme. Il y a une continuité de la défaillance du jardin d'Éden au meurtre d'Abel, ne serait-ce que parce que la mère des deux frères ennemis est la même Ève et que le récit de leur relation commence sous la forte invocation de l'exclamation d'Ève : « J'ai créé un homme avec Dieu » (Gn 1).

La question du don

De quelle dichotomie ou de quelle séparation est-il question dans le récit ? C'est en le comprenant que l'on pourra comprendre le nœud du problème à l'origine du conflit. La typologie biblique, développée par le commentaire de la tradition juive, est très tranchée. Nous avons ici deux types bien définis qui s'affrontent. Caïn incarne le propriétaire, le terrien installé dans son monde, tandis qu'Abel joue le rôle du nomade de passage dans le monde de Caïn... Le premier est cultivateur, le second est berger. L'un dépend du végétal, et l'autre, de l'animal. Leurs noms reflètent leur être : le nom de Caïn vient de *kinyane*, l'« achat », l'« acquisition », plus rarement la « création » - l'exclamation d'Ève : « J'ai créé/acheté *(kaniti)* un homme » lui donne son nom. Abel désigne la même « vanité » que le « vanité des vanités » de l'Ecclésiaste. Les deux personnages sont donc opposés comme deux principes antithétiques mais, remarque le commentateur Bahya ben Asher (XIIIe siècle), si l'un s'apparente au « méchant » et l'autre au « juste », les deux proviennent de la même bonne racine[2] - Is 45,7 : « Je fais la paix et crée le mal. Je suis Yhvh qui fais tout cela. » La résolution de leur conflit doit donc être trouvée à mi-chemin des deux extrêmes. Le Midrach cite ainsi l'Ecclésiaste :

> *j'ai acheté (caïn) des esclaves et des servantes (2,7)... Tout est vanité (abel) (2,12)... Crains Dieu et conserve ses commandements (le milieu), car c'est tout l'homme (12,13).*

Bahya voit en Abel le manque *(hefsed)* et en Caïn l'existence *(havaya)*. Le premier a une connaissance défaillante et le second cherche à s'approprier ce monde-ci. C'est un thème récurrent dans la conception du judaïsme que de soumettre la figure d'Abel à une critique presque aussi dure que celle de Caïn, dans la mesure où l'un comme l'autre incarne dans sa perspective un être inabouti. L'idée d'un juste voué par destin à la condition victimaire lui semble peu acceptable : il ne suffit pas d'avoir été victime pour incarner le bien et le vrai. Il eût mieux valu qu'Abel apprenne à faire exister sur la terre les principes et les valeurs qu'il incarne et fasse un effort pour les acclimater au monde. Cette critique cependant aboutit à un constat de regret puisque, pour des commentateurs cabalistiques, Abel n'ayant pas eu de descendance, le monde reste incomplet. La cabale lourianique[3] voit ainsi en Moïse la

« transmigration » d'Abel et son « rachat » dans l'histoire. Moïse identifie ainsi logiquement une transmigration de Caïn dans le contremaître qu'il tue, alors qu'il le voit « frapper un homme hébreu de ses frères » (Ex 2,7) pour violenter sa femme, situation semblable on va le voir à l'objet de la rivalité entre Caïn et Abel. Bahya avance, dans le même ordre d'idées, que Seth n'est né que parce qu'Abel a été tué. Abel est donc du même principe spirituel que Seth mais inabouti, défaillant.

Quel est le motif du conflit entre les frères ? L'offrande à la Divinité déclenche la spirale de la violence. En somme, c'est la question du don qui est décisive et elle se pose dans le face-à-face avec Dieu, car c'est l'agrément divin qui décide de la valeur et de la recevabilité du don. Caïn offrit des fruits de la terre *(adama)* tandis qu'Abel choisit parmi les premiers-nés de ses ovins. « Dieu agréa Abel et son offrande, n'agréa pas Caïn et son offrande » (Gn 4,4). Le commentaire est très éclairant : Caïn ne choisit pas les prémices de la terre, les premiers et les plus beaux fruits, mais le reliquat de sa consommation, voire pour le Midrach les végétaux les plus triviaux, des germes de lin[4], tandis qu'Abel offre les premiers-nés de son troupeau. Le don sacrificiel biblique concerne électivement le *reshit*, le « début », le « commencement » qui appartient à Dieu et qui lui est offert par les hommes qui, ainsi, au moment où ils vont s'approprier la terre et ses premiers produits - mais cela concerne tout autant les premiers-nés des animaux ou des hommes -, suspendent leur consommation en donnant et en se souvenant que le Créateur est le premier et qu'ils sont les seconds, souvenir qui commande le rapport à un Dieu qui s'est retiré, absenté pour faire lieu à sa création. La théorie cabalistique du *tsimtsum* avance que Dieu s'est rétracté et concentré pour faire place à sa créature.

Or Caïn veut tant s'approprier le monde qu'il n'offre que les restes de sa consommation, les fruits les moins enviables. Même s'il offre un don, ce don n'est pas conforme à ce qu'il devrait être. Il ne témoigne que d'un manque de foi, d'incapacité de reconnaissance de la Divinité dans sa dimension de création, de donation, de grâce. Caïn est le maître et le seul maître, son Dieu est à son service. C'est une idole de Dieu, idole de lui-même qu'il adore à travers son offrande. Aussi ne comprend-il pas que cette offrande puisse lui être refusée, que la Divinité soit un centre de volonté autonome. De surcroît, il n'offre que des fruits de la terre, rivé à la terre, privilégiant une seule des dimensions de l'homme, fait de poussière (*afar*, Gn 2,7) de la terre *(adama)*, certes, mais aussi de *nefesh*, de souffle vivant insufflé par Dieu. Il penche trop du côté de la terre et du sol[5]. Abel par contre offre le don qu'il faut, comprend ses normes et ce qui est en jeu dans son acte mais il est trop du côté du Ciel. Son erreur - si erreur il y a - est peut-être d'avoir attendu que Caïn offre un sacrifice pour le faire lui aussi.

> *Abel apporta* lui aussi *des premiers-nés de son troupeau (Gn 4,4).*

De sorte que l'on peut déduire qu'Abel n'a pas fait assez d'effort pour enseigner à Caïn les principes du sacrifice et de la morale. C'est comme en concurrence avec Caïn et par imitation suiviste qu'il offre son don. Mais il sait, lui, ce que donner veut dire et il est coupable de ne pas l'avoir enseigné à Caïn...

C'est donc autour de la question du don, de la gratuité que se noue le conflit des deux frères, et cet enjeu a une portée sur le plan du rapport au Divin car il fait référence au principe de la gratuité du monde, au souvenir du Créateur qui, par grâce, S'est effacé pour faire lieu à l'homme et, donc, au projet même de la création. Caïn refuse la loi du don, de retourner à Dieu symboliquement ce que Dieu lui a donné, de faire à Dieu la place que Dieu a faite à l'homme, et c'est pourquoi il ne supporte pas autrui, son frère qui occupe cette place, et le tue. Abel lui rappelle trop le don, incarné jusqu'à l'excès : Abel, gardien des troupeaux, ne prend rien et refuse de recevoir, de s'inscrire dans la terre. Il incarne le système du don dans son côté destructeur, suicidaire, car l'homme ne peut être qu'une créature. Si Caïn ne sait que recevoir, Abel ne sait que donner. Or c'est le juste milieu qu'il faut trouver, ce dont les deux frères sont incapables, ce que l'humanité trouvera plus tard, avec Abraham...

Cette question du don est plus vaste qu'on ne pourrait le penser, car elle engage le destin et la pratique de la liberté offerte à l'humanité par le retrait créateur. L'homme peut en effet utiliser celle-ci pour le mal, « profiter » de la grâce divine pour s'accaparer le monde qui lui est offert gratuitement et faire l'impasse sur la Divinité, s'imaginer qu'il est le (seul) maître du monde. C'est alors un monde impitoyable, un empire de fer et de sang qui s'instaure, car l'oubli de Dieu est le principe de l'oubli de l'homme qui s'est levé dans le retrait divin, une invite au meurtre. Un tel monde se constituera après Caïn avec Babel - n'oublions pas que c'est Caïn qui a fondé la première ville (Gn 4,17) - et sera effacé de la face de la terre dans le Déluge. Le don fonde ainsi la liberté de l'homme car il le resitue dans le projet de la création, don gratuit à l'occasion duquel place est faite à autrui.

Dans le don réciproque des deux partenaires du rapport, un lieu s'évide où le rapport devient possible. L'enjeu du conflit des deux frères est donc directement social et politique : il délimite le lieu du pouvoir qui détermine la capacité que les hommes ont de vivre ensemble, ce lieu qui plus tard s'instituera dans la ville. Le don sacrificiel à un tiers, en l'occurrence la Divinité, fonde aussi ce lieu qui est assimilé au lieu de l'origine, au point du jour de la création, une origine néanmoins cachée, génératrice de liberté et non pas d'imitation servile, mais aussi susceptible de dérapage et de dévoiement.

L'héritage du couple adamique

Cette incapacité de ces deux frères à établir entre eux un rapport gagne à être expliquée par leur histoire antérieure, par ce qui se transmet à eux de leurs parents, le couple adamique. La marque d'Ève est en effet centrale dans le destin des deux fils. Malgré lui, et en deçà de toute responsabilité, l'exclamation de sa mère

« J'ai créé/acheté un individu avec YHVH *»*

décide de la vie et de l'identité de Caïn. Il en est de même pour Abel, quoique Ève ne procède pas à son égard à un acte de nomination aussi significatif. Abel, « Vanité », reçoit son nom silencieusement, factuellement, de la réalité elle-même : « Elle ajouta d'enfanter. » Abel vient *en surcroît* de Caïn, objet de tout l'investissement émotionnel d'Ève qui, après lui, n'a plus de charge affective à reporter sur sa progéniture. C'est donc du côté de ses parents qu'il faut aussi chercher la solution de l'identité de Caïn.

Peut-être peut-on voir la geste de Caïn comme le dénouement de la geste d'Ève depuis la transgression du jardin d'Éden. L'expression à laquelle Ève recourt pour définir Caïn est considérable. La bivalence du verbe employé suggère une conception qui considère la création - Dieu est en effet souvent défini comme *kone ha-aretz*, « créateur de la terre » - comme une acquisition, objet d'une appropriation, et non comme un don, une grâce. L'expression « avec Dieu » laisse entendre qu'Ève se positionne au niveau du Divin, en se donnant une dimension démiurgique. Il est vrai que dans la tradition talmudique l'enfant naît de la collaboration des deux parents et de la Divinité, supposée être présente au moment de la conception. Mais si l'on part de ce principe, la solitude orgueilleuse d'Ève face à Dieu n'en est que plus flagrante ; Adam est en effet escamoté, signe que sa femme s'accapare la création : l'autre côté du monde et de l'être est occulté. Est-ce ce qui encourage le Midrach à avancer[6] qu'Ève prononça cette phrase lorsqu'elle vit que Caïn ressemblait à l'En-Haut, non pas à Adam - qui ne serait pas son père - mais à son véritable géniteur, l'ange Samaël, figure du satan qui serait venu la visiter en chevauchant le serpent, dans la fameuse séquence de la transgression dans le Jardin. Quelque chose s'est produit dans le couple adamique qui aboutit à Caïn et... Abel. C'est dans la transgression de l'impératif du jardin d'Éden qu'il faut le chercher sans doute et dans la nouvelle condition humaine qui en résulte, mais ce n'est pas l'objet de notre analyse.

Si l'on jauge l'identité des deux frères à l'aune de la mission confiée à Adam de « travailler et garder » (Gn 2,11) le Jardin, on constate que cette mission a éclaté en deux dispositifs séparés dont le sens moral s'est dénaturé en retour du fait de leur désarticulation. Caïn a bien « travaillé » le Jardin mais il s'est mépris sur l'objectif de cette action, car *avoda* signifie aussi bien « travail » que « culte ». Caïn a cru que travailler, c'était seulement produire et entasser, alors qu'il faut aussi en faire un chant au Très-Haut, c'est-à-dire, puisqu'il s'agit de culte, « donner ». C'est cela la signification de « garder » : travailler, mais dans la finalité du Ciél, et pas de la terre pour elle-même. Quant à Abel, il « garde » mais ne travaille pas. Il possède le code du don et son sacrifice est agréé mais il vit dans l'esthétique du nomadisme sans attaches avec la terre : sa morale est belle mais elle ne se réalise pas. Elle est facile, elle fuit l'épreuve du réel[7]...

C'est par l'acte d'Ève qu'intervient cet éclatement entre les deux pôles de la vocation de l'homme sur terre, consécutif à l'exil d'Adam hors du Jardin où il avait été transplanté. Sans doute est-ce en cela que Caïn et Abel sont aussi retranchés de la descendance d'Adam, parce qu'ils ne s'inscrivent pas dans la « ressemblance à Dieu » (Gn 5,3). Chacun recèle un élément de cette identité adamique mais non dénoué et séparé de son complément. Avec les deux frères, l'identité humaine s'effondre. Elle était au croisement de la rigueur et de la grâce mais cet attelage ne fonctionnait dans la créativité qu'en synergie. Séparé d'Abel, Caïn est en proie à la rigueur absolue : plus rien ne résiste face à elle et le monde est déserté. Avec Abel séparé de Caïn, la grâce n'arrive pas à sortir d'elle-même, de son intériorité : le monde disparaît car la grâce est incapable de traverser la réalité.

Mais on pourrait également expliquer l'échec du premier rapport fraternel en l'éclairant par Abel plutôt que par Caïn, et toujours dans la perspective d'Ève, c'est-à-dire d'un Abel venant *en plus* de Caïn. L'insistance ici ne devrait pas porter sur le désintérêt d'Ève pour Abel, enfanté *en plus de Caïn*, véritable objet, lui, de son désir, mais sur l'*en plus* inscrit dans l'être d'Abel. Cette ligne d'interprétation renverserait l'interprétation négative (Abel *en trop*) dans le sens

« positif », car Abel y apparaîtrait comme la figure de l'abondance et de la bénédiction, du *surplus* qui, parce qu'il est au-delà du décompte, est dans l'indénombrable et donc l'infiniment abondant, protégé de la pénurie et du manque[8]. Ce qui serait en jeu dans le récit de Caïn et d'Abel ce serait le destin de ce surcroît, de cette abondance, principe même de la création et de la condition de l'humain.

En effet, cette abondance est en prise sur la source même de la création. Si Dieu s'est retiré de lui-même pour faire place à l'homme, Il n'est pas devenu plus *petit*, Il ne s'est pas rétracté, mais Il s'est mis hors du décompte (dans l'un), au secret, dans l'infini, laissant l'homme dans la finitude et la limitation. Vu du point de vue de la créature, Dieu est *en plus* de l'homme qui, lui, vit dans son manque et son absence. Cependant absence et abondance, moins et plus, sont les deux versants de la même réalité. L'homme est *en plus* de Dieu, il est l'effet d'une totale gratuité et don de la Divinité, hors du décompte, hors de la nécessité divine. C'est réversiblement le cas pour Dieu du point de vue de la nécessité humaine : Dieu se tient en surcroît de la nécessité (pénurique) humaine, dans l'abondance. C'est de l'usage de ce surcroît qu'il est question dans le rapport des deux frères. Caïn est l'homme de l'accumulation, du décompte : ce qui ne relève pas du décompte n'existe pas à ses yeux. Abel est au-delà du décompte. Que fera Caïn du surcroît que représente Abel ? Que fera Abel du surcroît qu'il véhicule dans son rapport à lui-même et dans son rapport à l'homme ?

C'est le destin de la création qui est ici en jeu, dans l'usage que l'homme en fera. Que doit faire l'homme de cette abondance qui lui est confiée, de laquelle il est né, dans laquelle il doit se tenir ? La gratuité dans laquelle l'homme a été créé sera-t-elle dévoyée pour devenir l'occasion de l'affirmation d'une volonté de puissance démesurée, Caïn profitant de l'absence de Dieu pour établir son empire ? Sera-t-elle gâchée par Abel qui en fait une vanité sans consistance, ni inscription sur la terre ? Le récit explore les deux possibilités extrêmes auxquelles peut donner lieu la création, possibilités catastrophiques en elles-mêmes, au centre desquelles l'homme va devoir se trouver.

Mais cette gratuité, d'après la tradition juive, donne surtout lieu à une concurrence dans l'ordre du pouvoir, et tout spécialement à la rivalité. « Elle augmenta d'accoucher » (Gn 4,2) est en effet interprété dans le sens où Ève continue de mettre au monde des enfants après Caïn et Abel : une jumelle pour Caïn puis Abel et ses deux jumelles[9]. Ces jumelles d'après le Midrach[10] sont la véritable raison du conflit des deux frères qui, chacun, souhaite s'approprier la jumelle-épouse de son jumeau, car Abel et Caïn sont aussi des jumeaux : le commentaire avance qu'

> *ils montèrent à deux [Adam et Ève] sur leur couche et en redescendirent à sept*

avec les quintuplés, car, pour le Talmud, en ce temps la conception et l'enfantement se succédaient sans temps de gestation - autre mention fantastique qui nous laisse entendre que le récit de Caïn et Abel est un récit « théorique » avant tout.

L'échec de la parole

Le thème des jumeaux est connu dans l'anthropologie de toutes les cultures pour renseigner sur les dispositifs de la concurrence et du conflit : deux êtres concourent pour la même place - en tout cas au moins dans le ventre de leur mère - et pour la même identité, désirant la même chose et ne pouvant se la partager. L'extrapolation talmudique sur la gémellité de Caïn et d'Abel[11] se légitime à la lumière de situations récurrentes dans le texte biblique, où l'on voit deux jumeaux, Jacob et Esaü, deux frères, Isaac et Ismaël, ou deux sœurs, Léa et Rachel, s'opposer pour le droit d'aînesse qui, systématiquement, revient au cadet. L'abondance qui est à la source de la création apparaît ainsi comme pouvant générer des situations de conflictualité et de violence lorsqu'elle est vécue sous le signe de la rareté et de la pénurie.

Mais pourquoi une telle situation est-elle possible ? Peut-être justement le récit de Caïn et Abel nous apporte-t-il une réponse en montrant que c'est lorsqu'il y a détournement de la gratuité dans le sens de l'appropriation et de la maîtrise que l'abondance devient pénurie. C'est le *manque* inhérent à l'être de Caïn qui fait vivre l'abondance dans les traits de la pénurie. L'abondance dans laquelle l'homme est créé (en surplus de Dieu) génère sa liberté ; mais pour assumer cette liberté, en être digne, l'homme est appelé à la même geste héroïque que le Créateur : donner en se projetant au-delà de ce qu'il a reçu passivement, concevoir le surcroît de lui-même. Le don est la seule voie rendant possible l'expérience de l'abondance. C'est de ce don, cette mise en surcroît au-delà du dénombrement et du décompte, que vient l'homme. Sans le don, c'est la pénurie et la rareté qui guettent l'homme, car l'abondance est le produit du don, lorsque l'on donne au-delà de ce que l'on possède et que l'on fonde un lieu au-delà du décompte.

Le récit explore ainsi les deux possibilités de dévoiement de la création, en laissant entendre que l'idéal est leur conjugaison. Le dévoiement du projet de la création résulterait ainsi de la désarticulation du donner et du recevoir. Donner sans recevoir produit un pouvoir spiritualiste destructeur, et autodestructeur, qui ne laisse aucune liberté à autrui, aucune liberté de « se racheter ». Recevoir sans donner entraîne un pouvoir totalitaire qui annule la place d'autrui.

Cet échec apparaît dans le texte biblique comme l'échec de la parole.

> *Caïn adressa la parole à son frère Abel, et il advint alors qu'ils étaient dans le champ* (Gn 4,8).

Le texte ne nous dit pas ce que Caïn dit à Abel, comme si la parole avait été alors défaillante, incapable de démêler les écheveaux embrouillés de la famille d'Adam. Mais les commentateurs du judaïsme croient le savoir. C'est en effet dans le « champ » que la parole échoue. Or le champ c'est la femme, nous disent-ils. Nous pouvons supposer que la femme est assimilée au champ dans lequel l'homme sème. Image classique. Mais pour le commentateur il n'y a de preuve que scripturaire ; elle est trouvée dans Dt 22,25 :

> *si dans le champ l'homme trouve la jeune fille.*

Le champ, c'est donc la femme et c'est la femme qui est au cœur de la concurrence des deux frères. Caïn jalousait la jumelle supplémentaire née avec son jumeau Abel, jalousie de ce surcroît dont jouissait Abel par rapport à lui, jalousie de la même femme (jumelle). Mais ici la parole ne réussit pas à trouver une issue au conflit. Caïn a du mal à parler. C'est Dieu qui parle en réaction à son désespoir. Caïn parle à Abel mais on n'entend pas ce qu'il dit. Et l'échec de la parole est partagé, car dans le récit Abel ne parle jamais et surtout pas à Caïn pour l'aider à s'améliorer. Il ne croit pas assez en la validité de l'existence et en sa réalité. Caïn n'est pas le « gardien de son frère » (Gn 4,9) mais Abel n'est que le gardien des troupeaux. Caïn peut recevoir une parole, mais non pas en faire parvenir une à autrui. Abel n'est capable ni d'en envoyer une ni d'en recevoir. Avec les deux frères du récit, nous avons ici les deux travers induits par le retrait divin : la négation de la présence de Dieu ou bien sa si grande appréciation que la réalité terrestre en paraît diminuée.

D'après certains commentaires, Caïn aurait dit à Abel : « Il n'y a pas de jugement, pas de juge, pas d'autre monde, pas de récompense pour les justes ni de punition pour les méchants », et aurait déduit du retrait de Dieu la conclusion de Son inexistence. Dans cet ordre d'idées est significatif le fait que le Nom de la Divinité mentionné dans le récit est le tétragramme Yhvh, connu dans la tradition juive pour être l'attribut du Dieu gracieux, alors que « Élohim » désigne Dieu dans son attribut de juge. La bienveillance de la Divinité supportant le dévoiement du projet de la création par l'homme est ainsi mal comprise par Caïn, qui ne connaît que la volonté de puissance et l'accaparement de la terre. Si Dieu s'est retiré, il n'existe pas à ses yeux, donc tout est possible ; le meurtre d'Abel devient possible. Alors que ce retrait vise à rendre possible la parole de l'homme, revenant en écho à celle de Dieu.

Or l'injonction de l'Éden tout comme la parole de Dieu à Caïn visent à rendre possible la vie sur terre où l'homme est un étranger. L'injonction du Jardin a pour finalité de protéger l'homme dans son identité de créature de même que la parole lancée à Caïn a pour objectif de permettre son rachat :

> *Si tu t'améliores, tu pourras te relever, sinon le péché est tapi à ta porte ; il aspire à t'atteindre mais toi saches le dominer* (Gn 4,7).

Cette parole porte en elle la résolution du problème du personnage de Caïn si tant est que c'est l'intention de sa mère et le passé de celle-ci qui décident de son identité originelle, appelée à s'*améliorer*. Après avoir transgressé l'ordre du

Jardin, Ève s'était en effet vue maudite dans les termes mêmes de la mise en garde à Caïn :

> *Ton désir [même racine verbale que « il aspire »] (te portera) vers ton homme et celui-ci te dominera [même terme]* (Gn 1,6).

Si avec Caïn le péché désire l'atteindre, « tu le domineras » si tu es capable de t'améliorer (Gn 4,7). Ce qui pouvait être vécu sur le mode de la passivité une première fois est ici vécu sur le mode de la volonté et de la liberté. C'est pourquoi la malédiction d'Ève doit être lue avec l'injonction lancée à Caïn, elle en est le complément : punition de la transgression mais assortie, par le fils qui fait aboutir l'intention de la mère (« j'ai créé/acheté un homme avec Dieu »), de la possibilité de racheter l'acte accompli par erreur ou dans une mauvaise intention, de libérer Ève de la peine qui s'est abattue sur elle et sur toute la famille adamique. Ainsi entre Ève, Caïn et Abel sans oublier (par défaut) Adam, le champ de la perdition du projet humain est tracé dans ses limites extrêmes en même temps que le dispositif essentiel pour le racheter et le réparer.

notes

1. Zohar, Midrach *Haneelam*, 19b-20a, trad. Charles Mopsik, Verdier, tome I, p. 613.
2. Commentaire de Gn 4,2 : « Et Caïn était... ».
3. Nahmani Isaac *Torat. Hagilgoul, nefesh, ruakh veneshama*, Israël, s.l. 1985.
4. Midrach *Tanhuma Bereshit* 9 ; *Bereshit Rabba* 22,9 et *Pirke* de Rabbi Eliezer §21, trad. M. A. Ouaknin, E. Smilévitch, Verdier, 1983, p. 123-124.
5. *Cf.* Midrach *Bereshit Rabba* §22, trad. B. Maruani et A. Cohen-Arazi, Verdier, tome I, p. 247, note 13.
6. *Pirke* de Rabbi Eliezer §21, *op. cit.*, p. 122 ; de même Midrach *Rabba, Bereshit* §22.

7. *Cf.* Claude Birman, Charles Mopsik, Jean Zacklad, *Caïn et Abel*, Paris, Grasset, 1980.
8. *Cf.* Sur ces notions Shmuel Trigano, *Philosophie de la loi. L'origine de la politique dans la Tora*, Paris, Le Cerf, 1991.
9. Le texte emploie, dans la phrase qui décrit cet accouchement, trois fois la particule *eth* (« *eth* Caïn, *eth* son frère, *eth* Abel ») qui introduit le complément d'objet direct ou siginifie « avec » : « avec Dieu » - dont deux fois pour Abel. Rachi voit dans le *eth* de Caïn, la jumelle de Caïn, dans les deux *eth* d'Abel, ses deux jumelles.
10. « La sœur jumelle d'Abel était la plus belle des femmes. Et Caïn la désirait en son cœur. Il se disait : je tuerai mon frère Abel et je lui prendrai sa sœur jumelle. » *Pirke* de Rabbi Eliezer, *op. cit.*, §21.
11. Midrach *Rabba Bereshit* §22,2, *op. cit.*, p. 246.

De Caïn à Dieu, « au bout d'un certain temps »

FRÉDÉRIC BOYER

Ils sont les premiers enfants, mais dans un monde qui va déjà vers sa fin, déjà dans le passage d'une vie, celui des saisons et des temps. On garde les troupeaux, on cultive le sol. Ce sont des enfants comme nous. C'est l'humanité en travail et en devenir, l'humanité de la connaissance et de la jalousie. C'est déjà le quotidien laborieux de la condition humaine, l'œuvre silencieuse qui passe par la succession des blessures humaines - procréer, travailler, mourir. Ce qui est passé, et qui devient caché, n'est plus visible que dans les offrandes, les fruits et les prémices des bêtes. Présent sous la forme énigmatique d'un dû. « Au bout d'un certain temps, Caïn apporta au Seigneur... », dit simplement le récit. Littéralement, « à la fin des jours » (Gn 4,3).

Quelque chose a commencé, du temps s'est écoulé. Quelque chose dont on ne sait rien sinon que la fin laisse derrière eux les premiers enfants, derrière nous l'ombre des jours passés, l'ombre d'un passage. Ce n'est plus tout à fait l'histoire d'une première fois, comme souvent on l'a dit. C'est déjà une vie d'usure qui va vers la mort, une vie commune dans le pourrissement des fruits, dans le brouhaha des naissances, et parmi les jours qui déclinent. Une vie de santé et de maladie, de désirs et de peurs. Une vie dangereuse. Une vie sociale, historique. Une vie brève ou une vie d'errance.

*

* *

Répétition d'un meurtre non encore advenu

L'histoire de Caïn reste incompréhensible aussi longtemps qu'on l'oublie dans l'origine, qu'on l'ignore dans la mort lointaine d'une première fois. La brève histoire de Caïn et de son frère Abel est peut-être venue jusqu'à nous pour dénoncer notre position face aux premières fois, pour nous déloger, en quelque sorte, de notre tranquille présent, que l'on croit pris dans la répétition du même. Comme si nous étions allés si loin dans la répétition des blessures de la vie, si loin dans la série de la violence et de l'injustice. Comme si la première fois de l'homicide avait eu lieu une bonne fois pour toutes. Mais la responsabilité de chacun envers l'autre ne peut avoir lieu une fois pour toutes. Le commencement de l'humain n'est pas derrière nous. Être gardien de son frère, n'est-ce pas plutôt comprendre que ce commencement est devant nous, jamais atteint tout à fait, au bord de l'accomplissement, comme ce qui reste à faire au-delà ? Comme ce qui est dû et ne peut jamais être satisfait, à l'inverse des fruits et des prémices des bêtes. Comme une dette insolvable qui révèle un sacrifice plus difficile encore - ou l'accomplissement de tout sacrifice.

Caïn est comme nous. À la fois dans le temps avancé, dans l'éloignement des premières lumières, dans l'éloignement du jour, et dans l'événement singulier, dans l'étonnement du tragique devant ce qui semble nous arriver pour la première fois.

Il est donc plus exact de dire que l'événement du fratricide est raconté comme une première fois. Comme un événement unique qui déchire ce qui est déjà loin de l'origine, et qui rend nécessaire un retour à l'humain. Retour mystérieux qui est finalement la figure du destin de Caïn, sa propre énigme sur laquelle porte tout entier le récit biblique, depuis les avertissements du Seigneur jusqu'au signe de protection accordé à Caïn coupable. Retour ménagé comme errance - et dans lequel, par lequel, il y va de Dieu, il y va de la présence de Dieu au monde et aux hommes, de la présence soucieuse de Dieu dans l'histoire des hommes. Ce qui explique non pas l'absence de châtiment ou de sanction comme on le dit aussi parfois, mais la discrétion, la retenue, presque la pudeur divine qui ose un signe de protection comme pour ménager sa propre sollicitude. Puisqu'il y va de notre relation à Dieu, c'est comme une première fois, comme à chaque fois qu'un homme oublie d'être le gardien de son frère. C'est comme la première fois pour Dieu. Un événement qui oublie ce qui a commencé, ce qui s'est passé - tout ce qui relève finalement du bien agir dont parle Dieu. Un événement qui touche à l'origine, au commencement, comme si la Parole n'avait pas eu lieu. Événement de la non-séparation des éléments, de la confusion, de l'obscur combat si sobrement évoqué dans les premiers versets de nos bibles.

Tuer un homme, c'est à chaque fois tomber dans le commencement comme on tombe dans l'oubli. Oubli de ce qui a eu lieu et qui est devant nous.

La première fois n'est pas le meurtre, n'est pas la violence, mais la foudre de la responsabilité tombée en même temps que l'événement. C'est l'une des singularités les plus remarquables de cette histoire qu'elle semble avoir été écrite non pas pour raconter un événement mais pour faire apparaître des catégories absentes, comme s'il manquait de quoi raconter dans ce temps qui s'est déjà un peu perdu, de quoi avancer dans l'histoire des hommes, comme s'il manquait quelque chose dans le silence des hommes, comme si l'existence des uns avec les autres manquait de quelque chose, comme si ça devait manquer pour toujours.

L'histoire de la fraternité n'est jamais connue dès l'origine. Elle se révèle aux hommes, aux frères, par la catastrophe et la mélancolie. L'histoire peut commencer, comme on dit. L'histoire des générations, des vivants et des morts, des familles, des nations, l'histoire de la chair aussi. Elle ne commence qu'à partir du moment où elle est déjà proche de sa propre fin - « à la fin des jours ». C'est quelque chose d'invisible à l'œil d'homme, mais quelque chose de visible par le regard de Dieu, comme si la pointe de l'amour et de la responsabilité pour autrui était autant d'humanité possible seulement sous le regard de Dieu, comme si Dieu était, dans cette histoire, celui qui allait jusqu'où l'homme n'imagine pas qu'il est encore homme, comme si Dieu seul pouvait aller si loin en humanité, en culture, en civilisation. Ou, pour le dire autrement, comme si l'homme avait besoin de Dieu à cette place, à cet éloignement de lui-même, à cette tension, à cet écart, pour vivre dignement et réconcilié, dans la fin des jours.

Caïn, notre prochain

Caïn c'est toujours l'autre, énigmatique et familier, le voisin, l'ami, le frère, quelqu'un de transparent à force d'être insoupçonnable de rien, abandonné dans l'anonymat de l'amour, dans la fatigue d'aimer, abandonné dans le travail des jours, dans la marche forcée du monde. On vous dira, c'est l'autre qui ne savait pas, qui n'était pas au courant - le tueur finalement, l'ennemi, le monstre, dit-on.

Caïn c'est le révolté, celui que la Loi étouffe, le maladroit, l'homme lourd et mélancolique. C'est le premier-né, le premier fils comme dans le rêve de chaque enfant. C'est l'homme *négatif* - celui qui passe les frontières de l'interdit, qui fait l'expérience du passage dénié ou interdit, le passeur d'une frontière qui ne nous est révélée qu'au passage de Caïn précisément. Comme si autour d'Abel, autour du frère silencieux, quelque chose s'était refermé, un passage, un accès. Comme si l'autre homme était un événement d'avenir par lequel je ne peux passer sans violence. Comme si l'autre frère était, dès les commencements, à cette place fermée de l'amour, confiné à l'intérieur de frontières invisibles. Le lieu protégé silencieusement, le lieu exposé de l'amour.

Caïn, dit-on aussi, c'est la figure de l'errance, la figure de la culture, de l'entrée en histoire des communautés humaines, notre propre figure. La culture est tout ce qui erre. Chaque communauté, chaque fratrie, chaque civilisation, chaque nation est errance. Caïn, l'errant, le vagabond, Caïn, le solitaire, figure de l'inachèvement, de l'entrée en histoire.

Caïn se tient sur les bords, entre la vie et la mort. Entre la parole et le silence. La terre et l'exil. Entre Dieu et son frère. Quelqu'un dans une provocation constante, et dont on ne sait plus quoi faire. Le condamner, l'oublier, le persécuter, lui pardonner, l'aimer... On ne sait pas, on ne saura jamais. Quelqu'un dans la jalousie - c'est-à-dire quelqu'un dans le désir fou de connaissance, dans la folie de connaître ce qui ne sera jamais à connaître, ce qui ne sera jamais un objet de connaissance : l'amour que l'on doit à autrui, son frère - c'est-à-dire l'amour comme devoir et non pas comme objet de connaissance, l'amour comme responsabilité et non pas comme force de captation, comme exercice de puissance. L'amour comme retrait, mouvement qui cède le passage pour lui-même se frayer une voie.

Caïn est lourd, têtu, errant, forgeron, bâtisseur. Ses chaussures sont pleines de terre. Il n'est pas très bien fait. C'est un *horrible travailleur*.

Abel est éphémère, silencieux, docile, pieux, juste et assassiné. Abel est léger.

Caïn, ce sont les fruits de la terre, les fruits du travail et de la sueur de l'homme. Caïn est à la fois présent à Dieu quand Dieu lui parle, et caché quand il est abattu, quand il se dit lui-même caché de la face de Dieu. C'est la présence-absence de Dieu dans le monde humain, le monde du travail, la présence-absence de Dieu dans le monde de la dette et de l'exploitation du monde, le monde de l'exploitation de l'homme par l'homme, les mains sales, pleines de terre et de boue. Caïn, c'est la présence-absence de Dieu dans la faute des hommes, dans la peur et la honte. C'est la présence-absence de Dieu dans le *Je ne sais pas* des hommes, dans le péché des hommes, à l'instant de jalousie et de fracture, de division, entre les hommes.

Caïn c'est la présence de Dieu dans l'absence de l'homme à son frère, la présence de Dieu dans l'absence de l'homme pour l'homme. La présence de Dieu aux frontières invisibles qui gardent le lieu de l'amour et de la responsabilité pour autrui. C'est l'inattendue présence de Dieu entre l'homme et l'homme.

Abel c'est le vent. Le souffle de la vanité selon l'étymologie hébraïque pittoresque, *hevel*, de la buée, presque rien. Le don, l'offrande frémissante aux premières lueurs de l'aube, aux premières fumées de l'agitation du jour. C'est l'obéissance des cadets, l'obéissance naturelle des tout-petits. L'obéissance des prêtres également - de tous ceux qui rendent grâce. C'est la présence-absence de Dieu dans le *Me voici* des hommes. C'est la présence-absence de Dieu dans le vent au-dessus des eaux vertes, la présence-absence de Dieu dans le ventre d'un agneau, dans le sang des premiers-nés.

Vous ne le saviez pas ? Abel, l'innocent, a le premier les

mains pleines de sang. Il tue les tout-petits, tue les premiers-nés. Abel est présenté comme le premier homme à avoir offert des victimes animales qui plurent à Dieu.

> *Abel présenta des premiers-nés de son troupeau, ainsi que de leur graisse* (Gn 4,4).

C'est la Loi. Il faut bien le reconnaître. La duplicité de la Loi qui légitime l'effusion de sang pour que soit possible le sacrifice.

> *Tout être sorti le premier du sein est à moi,* dit Dieu à Moïse, *tout mâle de ton troupeau, selon le code de l'Alliance conclu au Sinaï* (Ex 34,19).

Les premiers-nés des troupeaux, leur sang et leur graisse sont « une chose sainte », un prélèvement et un dû (Nb 18,17 et Lév 3,16 et 17). Abel fait à Dieu l'offrande de la réparation de la violence humaine. Abel la victime, Abel le pieux devance son propre meurtre, devance la faute de son frère. Caïn ne comprend pas, ne peut pas comprendre puisque la Loi est devant lui et qu'elle va s'abattre sur lui. Je ne dis pas que Caïn ignore la Loi - lui aussi apporte des offrandes -, je dis qu'il en est vraiment le sujet vivant, le sujet historique - celui qui est appelé à reconnaître cette limitation, ce prélèvement, comme la part meilleure, comme l'accomplissement de la justice et de la miséricorde de Dieu à travers la violence des hommes.

Le sacrifice des enfants

Aux hommes qui versent le sang de la chair, aux hommes du travail de la terre, aux hommes des cités en guerre, aux hommes des richesses accumulées, aux hommes qui affament, aux hommes qui oppressent, Dieu se fait reconnaître par du sang versé et de la graisse prélevée. Dieu fait reconnaître sa part dans la violence contre l'innocent. C'est l'énigme de Dieu dans le monde du travail et de la peur des hommes, dans le monde de Caïn lui-même mais qui est aussi le monde d'Abel. L'énigme de Dieu à Noé après le Déluge, offrant l'animal en nourriture et exigeant le sacrifice animal pour que soit reconnue la dette du sang versé, l'énigme de Dieu à Abraham sur un des monts de la Moriyya, l'énigme de Dieu à Moïse en terre d'Égypte où la libération de l'esclavage se paye du sang des premiers-nés égyptiens et de celui des agneaux des Hébreux.

Le sacrifice des premiers-nés sert à reconnaître le manque de Dieu au cœur des hommes, le saut dans la nuit de la violence, dans la nuit de l'histoire humaine - la Pâque de la libération de l'esclavage. Quand Dieu passe dans le cœur des hommes et qu'il traverse leur oubli, leur violence, leur propre nuit d'hommes au cœur du cœur de l'oubli de l'homme par l'homme. L'offrande d'Abel préfigure tout cela. La part obscure prélevée par Dieu, part de la Pâque, du pardon possible au cœur de la nuit homicide. Non seulement les meurtres seront multipliés, répétés après Caïn, mais les sacrifices également le seront jusqu'à une certaine saturation, un certain point où l'agrément divin est tel qu'il devient lui-même feu et nuit - épuisement et au-delà du sacrifice.

Le sacrifice est un dû. Même pas, ce n'est que l'image d'un dû. Dieu apprend à Caïn qu'il y a un devoir qui ne doit rien, un devoir qui ne doit rien devoir pour être un devoir, qui ne s'acquitte d'aucune dette, qui ne s'autorise d'aucune légitimation. C'est ce que chacun doit à Dieu de l'autre homme, son frère. L'au-delà de toute économie sacrificielle et de toute image. Et dans cette âpre, dans cette mortelle concurrence des hommes, il importe de reconnaître qu'Abel aussi a sa part de responsabilité. Lui aussi est déjà dans l'avancée de la vie, dans son travail obscur. Lui qui accomplit les sacrifices parfaitement ne peut pas ne pas être pris dans le mouvement de l'histoire des hommes. Son sacrifice est le plus élevé mais le plus grave également - part offerte prélevée à la vie comme pour reconnaître ce que sa propre violence coûte et creuse comme dette entre Dieu et les hommes.

Abel va vers Dieu, accomplir son devoir. Caïn est celui qui attend Dieu, qui attend sa reconnaissance, puis qui parle de se cacher et de fuir. Mais sur le chemin qui conduit Abel vers Dieu, il y a Caïn, il y a le monde du travail et du désir, il y a toute l'humanité de l'attente, de la convoitise, toute l'humanité de la jalousie et de la déception, il y a le monde exploité, il y a l'humanité exploitée. Il y a nous tous entre Dieu et Abel. Il y a le sang de l'agneau nouveau-né. Il y a le oui de Dieu, le oui de l'énigme. Non pas oui à la personne d'Abel, même pas oui au juste, même pas oui à l'innocent. Mais oui de Dieu à ce carrefour du sacrifice, à cette croisée de la Loi et de l'humanité, à ce face-à-face entre les frères et dans lequel Dieu est tout prêt de dire oui à Caïn, oui à son abattement, oui à sa peine, à sa sueur, aux fruits de son travail et à ceux de sa mélancolie. Oh quel temps de parole est ici accordé au criminel ! Quelle pédagogie ! Quelle sollicitude inquiète ! Et pas un mot pour Abel.

L'histoire de Caïn et Abel appartient au Pentateuque, dont la rédaction et la composition, pendant la royauté (Xᵉ et IXᵉ siècles avant J.-C.), sont liées à la formation du peuple d'Israël après l'Exode, et dont l'événement majeur est bien celui du don de la Loi. Chaque étape de ce don signale que Dieu va un peu plus loin dans la nuit des hommes, et que la Loi s'étend plus loin dans la nuit. Caïn s'avance dans la nuit de la Loi.

Ce qu'il offre à Dieu, quelques fruits, des graines, des grappes peut-être, Dieu ne le reconnaît pas. Comme si Dieu ne pouvait plus se faire reconnaître en dehors de la Loi qui trace l'exercice de la violence, qui prélève le symbole du sang et de la graisse. Comme si Dieu, déjà, ne pouvait plus se faire reconnaître sans en passer par le prix de la violence des hommes.

Abel, la victime, accomplit ce qu'il faut pour que Dieu soit là dans la nuit de l'homme, son frère. Il accomplit la Loi, la meilleure part de la Loi. Mais cet accomplissement muet, qui n'appelle aucun commentaire de la part de Dieu, mène à une limite ouverte, une sorte d'abîme qui est franchi par Caïn.

La nuit de l'homme, c'est la nuit de la fratrie, la nuit épaisse de la fraternité. C'est là que Dieu passe, qu'il fait des sauts dans le cœur noir de l'homme. Mais où Dieu passe est précisément lieu de violence et de jalousie, de désaccord. L'agrément du sacrifice est le moment de nudité de la Loi : quand Dieu passe et traverse l'espace invisible de la jalousie. La courbe du récit s'inverse : le sacrifice est devant nous, la violence également. L'agrément divin n'est pas un agrément de personne, n'est pas l'agrément d'Abel, il rappelle plutôt une douleur à venir, une impossibilité de la Loi. L'agrément divin est comme la part du feu, la montée de la nuit. Dieu sollicite Caïn en passant par son frère Abel, en passant par la blessure de la Loi, par le rite du sacrifice sanglant et contre lequel s'élèveront les prophètes. Jérémie expliquera que les sacrifices sanglants sont ce que Dieu a permis un temps pour que quelque chose ait lieu entre les hommes et lui, mais que Dieu ne peut toujours vouloir (Jr 7,22). La Loi n'est pas faite pour plaire à Dieu - c'est l'erreur de Caïn, l'erreur de croire qu'il y a quelque chose de secret à connaître dans l'agrément du sacrifice, quelque chose d'autre que la part de Dieu accordée à la nuit des hommes, l'erreur de croire qu'on fait des sacrifices pour plaire à Dieu. Mais c'est peut-être également l'erreur d'Abel, l'erreur de tout homme. Les sacrifices sont établis pour réparer un peu de la relation entre Dieu et les hommes, et pour attendre quelque chose de Dieu qui ne peut simplement venir de Dieu uniquement, de Dieu sans les hommes. Quelque chose de l'homme attend les hommes à l'intérieur de ce que Dieu réclame pour lui - dans les offrandes et dans l'amour de la Loi. La Loi est faite pour que quelque chose de ce qui est humain se passe, quelque chose qui ne peut pas avoir lieu sinon, quelque chose qui détruirait tout sinon, quelque chose pour avancer dans l'inachèvement de l'humain, dans l'histoire humaine que Dieu attend. Quelque chose doit avoir lieu selon la Loi pour que chaque homme comprenne que Dieu nous attend dans ce que nous abandonnons aux offrandes comme dans ce que nous abandonnons à la haine.

La violence est quelque chose que l'on doit à Dieu, à l'origine, quelque chose de projeté devant nous comme une frontière inconnue. Notre relation à la violence ne peut faire l'objet que d'une prescription négative, *tu ne feras pas*... Ce qu'il faut faire, Dieu ne le dit pas. Ce silence est au cœur de la brève histoire de Caïn et Abel. Au cœur de toute l'humanité. Ce qu'il faut faire n'est pas simplement de l'ordre de la Loi.

Abel n'est pas cette victime innocente que l'on croit, c'est d'abord l'homme de la Loi, l'homme religieux, l'homme pieux - victime de ce que la Loi sans cesse est travaillée par son propre manque, victime de ce que la Loi est un dû à Dieu pour quelque chose d'impayable, pour une douleur de Dieu, un don impossible que répétera Dieu à Noé (Gn 9,3) : « Je vous donne tout », un amour infini, une absence de Dieu à ce que Dieu a fait et créé. Une faiblesse de Dieu qui dépend de chaque homme face à son frère. Un accomplissement de Dieu lui-même par lequel le respect et l'amour du frère se substituent à la seule volonté de Dieu.

Ce que Caïn doit apprendre, c'est que le désir de Dieu porte sur la qualité de la relation de chaque homme envers son frère. Que la présence de Dieu, l'agrément divin ne sont pas ailleurs que dans la buée d'autrui, dans le présent de chacun, dans l'éphémère de chaque personne, dans la vanité de chaque vie humaine. C'est même peut-être vouloir le bien d'autrui dans la misère, dans la honte qui peut venir de lui. Le « bien agir » dont parle Dieu à Caïn abattu (Gn 4,7) ne porte pas sur les offrandes et les sacrifices mais bien sur la relation à autrui, sur la veille de chacun pour l'autre.

Ce qui est sacré, c'est en chacun l'attente qu'on ne nous fasse pas de mal, et plus encore, l'attente qu'on nous fasse du bien ou, plus exactement ici, l'attente qu'on se réjouisse du bien que l'autre a obtenu ou qui lui est fait. Il n'est jamais dit que Dieu préfère Abel, mais simplement qu'il agrée l'offrande d'Abel parce qu'il s'agit finalement de l'offrande mystérieuse de la violence, geste à la fois de renoncement et de légitimation, geste obscur d'une dette à venir, d'une pâque, c'est-à-dire d'un saut dans le vide. On peut dire alors que Caïn est certes convié à se réjouir du bien qui est fait à son frère, mais plus profondément encore qu'il est secrètement convié à participer à la pâque du sacrifice, à la première pâque - comme nuit à offrir au pardon de Dieu.

Caïn tue son frère comme s'il savait que quelque chose de Dieu l'attendait là, dans l'action violente, dans le geste de l'homme contre l'homme.

Abel se tait. Vivant, il garde le silence. Mort, il parlera comme toutes les victimes parlent, comme le sang versé parle, comme le lien brisé parle.

Caïn est le héros de la transcendance, finalement. La morsure de la jalousie révèle en lui un désir de connaissance, une maladie du désir de connaître. C'est dans cette maladie, et depuis cette maladie, que Dieu révèle sa transcendance pour l'homme, pour le monde, en interrogeant Caïn sur ce qu'il a fait de son frère. Il est exemplaire que le Dieu unique et transcendant, le Dieu du monothéisme, soit précisément celui qui vienne guérir la violence et se pencher sur la question oubliée du frère. La transcendance bouleverse le monde de l'identique, le monde malade de la pulsion. La transcendance se définit ici, à l'origine, non pas comme puissance verticale, lourdeur mystérieuse, au-delà fermé, mais comme question inlassable, comme inquiétude pour autrui, sollicitation destinée à chacun pour l'autre - la transcendance comme tourment de la responsabilité de l'homme pour l'homme, comme tourment de l'amour.

Est-ce une façon que Dieu a soudain de nous dire : je ne vous aime plus comme au premier jour, comme lorsque Adam était seul au monde, je ne vous aime plus sans cette question de ce que vous vous faites les uns les autres, sans le souci de l'un pour l'autre ? Je ne vous aime plus que dans l'espérance du premier jour. Caïn est celui qui témoigne de la place abandonnée de Dieu, de la faiblesse de Dieu, du risque terrible dans lequel Dieu s'est placé : le risque humain de la responsabilité d'autrui. En ce sens, perdre le tueur, en finir avec le fratricide, avec l'assassin, avec le jaloux, ce ne serait pas un progrès de Dieu, ce ne serait pas un progrès de l'Alliance, ni même une victoire de la Loi qui elle-même ne fait que rappeler comme la douleur de l'alliance entre Dieu et l'homme, le retrait, la blessure de l'alliance qui est comme quelque chose de moins retiré à Dieu pour que l'humanité avance dans l'histoire.

Caïn lui-même demande la protection de Dieu dans une sorte de défi, sans une seule ligne d'encouragement. Dieu n'a pas condamné Caïn, comme si finalement Dieu tentait d'inscrire le vide de Caïn, son extrême solitude dans l'histoire à venir des hommes. Je me demande si Caïn ne s'adresse pas en fait à l'incompréhension de Dieu, à ce qui en Dieu s'interroge devant l'avidité et la nuit des hommes. Caïn doit affronter non la puissance de Dieu, non la colère de Dieu, mais la toute-faiblesse de Dieu. La faiblesse des commencements, la faiblesse des premiers jours, des premiers-nés. Le fugitif errant, qui se cache de la face de Dieu, est devenu le témoin de cette faiblesse de Dieu dont l'homme finalement découvre qu'il est responsable. Responsable de tout ce que la transcendance du Dieu unique apporte de participation non seulement à sa propre création mais aussi à sa propre exposition, à sa propre faiblesse.

Le sacrifice de la figure

Abel est figure du Christ, disent les chrétiens. Mais Caïn ? Le mot « figure », dans ce langage, sert à reconnaître des séries d'événements. Une série épuise quelque chose qui prend du temps et plusieurs formes à se dire, réalise un accès, tient en haleine, fait émerger du chaos et de l'oubli. Dire qu'Abel est figure du Christ, c'est reconnaître que le Christ fait aboutir une longue série de victimes, « depuis le sang d'Abel jusqu'à celui de Zacharie », le dernier prophète du Livre (Mt 23,35). Figure veut dire mémoire. Jésus est celui qui en appelle à la mémoire des victimes pour se faire identifier. Il porte à son comble chaque figure et, en ce sens, Jésus accomplit la première fois annoncée par chaque figure. La place d'Abel restait à investir non pour simplement restaurer quelque chose d'Abel mais plutôt pour qu'il y ait enfin une première fois - c'est-à-dire quelqu'un en face de Caïn, quelqu'un pour Caïn. Figure, en langage chrétien, indique qu'il s'agit de penser l'altérité, que nous ne sommes jamais seul en face de l'autre. Chaque figure porte un peu du commencement de l'humain. C'est une façon de dire que l'histoire des hommes est l'histoire de ce commencement. Le Christ occupe les figures pour accomplir quelque chose que chacune contenait, produisait sous la forme figurée du manque. Le manque qui habite la figure d'Abel, c'est Caïn précisément. Caïn a oublié son frère, figure du Christ qui fait mémoire d'Abel pour Caïn.

Le sang d'Abel versé par son frère parlait à Dieu. Comme le sang des prémices des bêtes, et le sang de la Pâque. Dieu ira jusqu'à la mort, pour accomplir l'absence. Mouvement réalisé par ce que les Pères autrefois appelait la *sunkatabasis*, la douceur de Dieu « qui descend avec nous, jusqu'à nous », et qui va jusqu'au sépulcre où, selon Pascal, Jésus n'a pas fait de miracle. Simplement, il a rejoint Caïn, accomplissant ainsi le retour à l'humain, il est allé le chercher en histoire, en culture, pour le ramener à lui comme certains mosaïstes de Byzance l'ont montré tirant l'humanité vers lui, des profondeurs du mourir vers la compassion muette de son Père.

L'un dans l'autre

DIDIER DAENINCKX

Ce n'est pas facile, pour un avocat, d'encaisser sa première condamnation à mort. Vous me direz que ça l'est encore moins pour son client, et vous auriez raison dans l'immense majorité des cas. Mais pas pour le mien. Je connaissais toutes les faiblesses du dossier, et il aurait fallu que la grâce touche les membres du jury pour qu'il en soit autrement. Quand le juge est revenu de la salle des délibérations et qu'il a déplié le papier sur lequel étaient inscrites les conclusions, je me suis tourné vers Peter Browning, pour le soutenir de mon regard. Il m'a adressé un clin d'œil roublard qui semblait dire « tu as vu, je les ai eus ces connards ! », puis il s'est mis à détailler, centimètre carré par centimètre carré, le décolleté de la sténographe comme si rien d'autre ne le concernait plus. La fille a piqué du nez et s'est mise à rougir en tapotant les mots définitifs sur les touches de sa machine :

« En vertu des lois qui régissent cet État, le condamné devra décider, dans un délai qui ne pourra excéder huit jours, s'il choisit d'être exécuté par pendaison ou par injection létale. »

Le silence était total, dans la salle du tribunal, et je ne suis pas sûr d'être le seul à avoir entendu ce que Browning a murmuré entre ses dents serrées : « Super, j'ai toujours aimé sauter à la corde »...

Nous avions le droit de nous consulter pendant un quart d'heure avant que les gardes ne lui remettent les menottes et les chaînes pour le transférer au pénitencier de Mowalla, mais il a tendu ses poignets vers l'acier comme s'il voulait quitter au plus tôt le monde des vivants. J'ai posé ma main sur son épaule alors qu'on l'aidait à gravir les marches ajourées, à l'arrière du fourgon blindé. Le chef a fait un signe à ses hommes qui ont ralenti leurs mouvements.

- Écoute, Peter... Il n'y a plus de recours, on a tout épuisé...

Il a craché à mes pieds le chewing-gum qu'il malaxait depuis le début de l'audience.

- C'est pas trop tôt. Si ça n'avait tenu qu'à moi, il y a longtemps que cette histoire serait terminée...

Je respirai profondément.

- On ne se reverra pas avant... avant l'exécution de la sentence... Je serai à tes côtés...

- Je n'ai besoin de personne.

Il avait baissé la tête pour entrer dans le fourgon, et s'était laissé tomber sur un banc métallique constellé d'inscriptions tracées dans la peinture antirouille. La porte allait se refermer quand il s'est relevé et a agité ses bras cliquetants dans ma direction.

- Hé l'avocat, tu as raison, il y en a deux que je voudrais voir en face avant de me balancer au-dessus de la trappe... Dis-leur de venir... Ils ne peuvent pas refuser d'exaucer la dernière volonté d'un mec promis à l'enfer pour l'éternité... Surtout que le mec en question, ils le connaissent plutôt bien...

Je m'attendais au pire en posant ma question, et il était au rendez-vous.

- Et qui est-ce que tu veux voir, Peter ?

- Comme si tu ne le savais pas ! Mon vieux et ma vieille, pardi ! Ils ne sont jamais venus, ni en prison, ni aux audiences... Il faut quand même qu'ils gardent un souvenir de leur fiston, tu ne crois pas... Alors, c'est d'accord, l'avocat ?

Les portières ont enfermé son rire dans le cube de ferraille.

Les fédéraux en armes se sont partagé les places dans les deux Buick de l'escorte, puis le convoi s'est engagé en hurlant de toutes ses sirènes sur la bretelle ouest de l'autoroute, celle qui passe juste au-dessus du drugstore Langdon. Je l'ai regardé s'éloigner vers Mowalla en me disant que dans un peu plus d'une heure Browning franchirait pour la première fois de son existence la triple rangée de barreaux qui séparait ceux qui n'avaient perdu que la liberté de ceux à qui on allait confisquer la vie.

Je descendais les marches, incapable de décider où me conduiraient mes pas, quand John Foster, le plus redoutable de mes adversaires, m'interpella depuis l'arrière de sa Lincoln qui émergeait du parking en sous-sol.

- Je peux vous déposer quelque part ?

Au cours des six mois précédents j'avais réussi à désactiver les dossiers de trois des quatre accusateurs de mon client, en pointant des incohérences dans les déclarations des témoins, en mettant en cause leur probité, en soutenant qu'ils avaient des raisons personnelles de se dresser contre Browning, en insinuant le doute sur les conclusions des experts graphologues, des médecins légistes. J'étais même allé jusqu'à produire un certificat établissant que le père d'une des victimes de Peter faisait de fréquents séjours dans un établissement psychiatrique. Les conseils de ces trois familles avaient fait leur travail en conscience, mais le caractère effrayant des crimes commis par Browning les avait aveuglés. Ils s'étaient laissés aller à penser que leur seul énoncé induirait la sentence, et s'étaient contentés d'aligner les témoignages en regard de chaque cote de la procédure. C'est là que je les attendais : rien de ce qui était reproché à Peter n'était inexact, les enlèvements, les tortures, les viols, les assassinats, les démembrements... Tenter de nier ne serait-ce qu'un détail était voué à l'échec, et je m'étais attaché à détricoter fil après fil la camisole qu'ils lui avaient tissée. Seul John Foster avait pris soin de verrouiller toutes les phases de sa démonstration, tenant en réserve sur chaque point décisif un témoin irréprochable, produisant un document incontestable. Sans douter un seul instant de la responsabilité de mon client dans les trois premiers meurtres, le jury s'était trouvé, après mes efforts, dans l'impossibilité de les lui imputer formellement.

Le dispositif dressé par Foster autour du quatrième, celui de la petite Hilary Dayton, était inattaquable et il ne m'était resté qu'une pauvre parade pour conjurer l'inéluctable. Si Browning était bien majeur lorsqu'il avait commis les trois crimes dont je venais de démanteler les dossiers, il n'avait pas atteint ses dix-huit ans quand il avait inauguré sa carrière meurtrière sur sa frêle voisine Hilary, et devait normalement, pour répondre de cette accusation, comparaître devant une juridiction spécialisée dans la délinquance juvénile. Je constatai, au trouble puis à l'agitation qui s'étaient emparés de Foster et de ses collaborateurs, que l'argument avait porté. Après la suspension d'audience, la satisfaction avait changé de camp. Le juge, guidé par mon adversaire, s'était plongé dans la jungle de la législation, de la jurisprudence, et il réclama le silence pour communiquer le résultat de ses recherches. La date qui devait être prise en compte, dans cet État, pour déférer l'accusé devant telle ou telle juridiction n'était pas celle du délit mais bien celle de l'arrestation, en conséquence de quoi le tribunal pouvait poursuivre ses travaux. Trois heures plus tard les seules charges pesant sur Peter Browning concernant la séquestration, le viol et le meurtre d'Hilary Dayton étaient déclarées recevables dans leur intégralité, et cette recevabilité le livrait tout droit aux mains du bourreau.

J'ouvris la porte de la Lincoln et m'installai à côté de John Foster, le dos tourné au chauffeur.

- Vous allez où ?

Je consultai mon carnet électronique qui afficha l'adresse des parents de Browning.

- Je vais à l'autre bout de la ville, dans le quartier d'Altone. Déposez-moi près de la place Wiseman et je prendrai un taxi...

Foster fit coulisser la glace de séparation pour transmettre les indications au chauffeur, puis il ouvrit la porte du petit bar réfrigéré dissimulé sous la banquette et servit deux whiskys dont il dilua l'ambré au Perrier.

- Vous repartez ce soir à New York ?

J'avalai le contenu de mon verre d'un seul trait.

- Non, j'ai promis à Browning de l'assister jusqu'au bout...

- Vous n'y êtes pas obligé...

Il me resservit un whisky et je refusai, d'un signe, qu'il le noie dans les bulles.

- Je sais... Mais si je ne le fais pas, je me demande si, dans le futur, je me sentirai capable de plaider avec assez de conviction pour un type qui risquera sa peau... Et vous, ça vous est déjà arrivé ?

Il comprit le sens de la question sans que j'aie besoin d'insister.

- J'ai beaucoup plaidé à Philadelphie... Et la Pennsylvanie détient depuis des années le record du nombre de condamnations à mort prononcées sur le territoire des États-Unis. J'ai perdu deux fois de cette façon...

Foster tourna la tête vers la rue, comme s'il s'intéressait aux alignements de bureaux du centre-ville. Il poursuivit, les lèvres collées à la vitre fumée sur laquelle se déposait son haleine.

- Excusez-moi si j'ai été un peu dur avec vous, tout au

long de cette semaine, mais votre client était d'une espèce rare... Il n'a pas eu un seul mot de regret, et il n'a pas cessé de promener sur tous ceux qui l'entouraient ce regard plein de morgue...

- Je ne crois pas que son repentir aurait changé grand-chose...

Le chauffeur venait de ranger la Lincoln le long du petit parc au centre duquel trônait la statue du général Wiseman, l'un de ces révolutionnaires allemands qui avaient pris fait et cause pour les antiesclavagistes, lors de la guerre de Sécession, et qui, un temps, influencèrent le seizième président. J'ouvris la portière. John Foster descendit également et me serra la main assez longuement pour souligner que seul le hasard était responsable de notre affrontement et qu'il n'en resterait rien de personnel. Le chauffeur du taxi qui m'emmena vers le quartier d'Altone était originaire de La Nouvelle-Orléans. Il forçait sur l'accent et affectait d'émailler ses phrases de quelques mots dont on devinait encore qu'ils avaient été français. En moins de dix minutes j'en savais assez sur ses frères, sa femme et ses enfants pour faire coffrer toute la famille sous les inculpations d'escroquerie, de recel et de trafic de substances interdites. Si j'en avais eu l'utilité j'aurais pu acheter, pour moins de cent dollars, le magnétoscope ou le caméscope qu'il trimballait dans son coffre, sous la roue de secours.

Les parents de Browning habitaient une maison d'un étage, bois et brique, construite au début du siècle quand la ville s'était étendue sur les anciens marais. Le père de Peter travaillait dans une ferme industrielle des environs qui produisait assez de viande de bœuf pour alimenter tous les McDonald's de la planète. Sa mère avait exercé le métier de secrétaire comptable mais, la grossesse et l'accouchement ayant altéré sa santé, elle avait cessé toute activité après la naissance de son unique enfant, dix-neuf ans plus tôt. J'agitai la cloche qui pendait au milieu d'un arceau, au-dessus de la grille. Un rideau se souleva, dans la cuisine, et Mary Browning apparut sur le seuil, légèrement courbée pour retenir un vigoureux labrador. Je traversai le petit jardin planté de légumes, de fleurs et donnai quelques tapes amicales au chien, en passant.

- Je venais vous dire que...

Elle haussa les épaules.

- Ils en ont parlé tout à l'heure, dans le flash spécial d'Ed Mulligan. On ne s'attendait pas à autre chose... Entrez...

William Browning avait visiblement son compte. Il était avachi sur le canapé, devant la télé qui diffusait une pub destinée à faire saliver les humains afin qu'ils achètent des aliments pour chats, et il se contenta d'un grognement pour saluer mon arrivée. Je ne l'avais jamais connu autrement qu'ivre. C'était le seul moyen qu'il avait trouvé pour fuir l'horreur des crimes de son fils, et je n'avais eu véritablement affaire qu'à sa femme au cours des derniers mois. Elle avait clairement fixé les règles du contrat dès notre première entrevue.

- Quoi qu'il arrive, je tiens à ce que vous sachiez que mon fils est déjà mort dans mon cœur, mais s'il y a ne serait-ce qu'une chance sur un milliard qu'il soit innocent, je ne veux pas qu'il soit dit que j'aie pu la laisser filer...

Je refusai la boîte de Budweiser qu'elle s'apprêtait à dégoupiller à mon intention.

- Je suis venu vous transmettre un message de Peter...

Mary Browning reposa la bière sur l'étagère vitrée du réfrigérateur et me fixa intensément. Je compris qu'elle n'avait pas renoncé et attendait encore ces quelques mots d'excuse, de regret qui, sans effacer le malheur qui s'était abattu sur eux, aurait tout au moins permis de le rendre plus supportable. Son regard se fit plus intense, comme pour m'encourager à continuer. Je baissai les yeux.

- Il a choisi la pendaison, et il veut que vous assistiez tous les deux à son exécution...

Elle chancela, fit quelques pas et vint s'appuyer sur l'accoudoir du canapé. Elle se saisit machinalement de la télécommande pour réduire à néant la énième rediffusion d'un épisode de *Dynasty*.

- Le salaud ! Il a commencé à me détruire bien avant son premier jour, et il a décidé de continuer, jusqu'à son dernier souffle...

Je tirai une chaise de sous la table et m'assis à califourchon.

- Je ne comprends pas... *Avant son premier jour* ? C'est bien ce que vous avez dit ?

Elle repoussa la main de son mari qui cherchait à reprendre le zappeur pour redonner vie à la famille idéale.

- Oui, c'est ce que j'ai dit... Ils m'ont charcutée pour le sortir... Il pesait plus de quatre kilos... Mais ce n'était pas étonnant qu'il soit aussi gros, après ce qu'il avait fait...

Je me penchai vers elle.

- Vous n'arrêtez pas de parler par énigmes... Il venait tout juste de naître, je ne vois pas ce qu'il aurait pu faire *avant* !

- Personne ne peut l'imaginer, il faut que ça vous arrive pour que vous admettiez que ça existe vraiment.

Elle grimpa au premier et je l'entendis déplier un escabeau, remuer des paquets, fouiller dans des papiers. Elle redescendit en tenant dans ses mains de grandes enveloppes bistre qui contenaient une dizaine de radios qu'elle commenta une à une en les plaçant devant la fenêtre du fond qui était directement exposée au soleil.

Ce qu'elle me révélait, sans en mesurer la portée, bouleversait totalement le jugement que je portais sur Peter Browning. J'étais certain que, si ces faits avaient pu être évoqués dans l'enceinte du tribunal, le jury aurait rendu des conclusions différentes. Mary accepta de me confier les documents échographiques, et il me fallut moins de trois jours pour obtenir du gouverneur de l'État la réunion d'une commission extraordinaire habilitée à examiner une possible révision du procès de Browning. J'avais pu joindre Edward Bowley, le gynécologue qui avait suivi Mary pendant toute sa grossesse, ainsi que James Hoocker, le médecin accoucheur. L'un exerçait en Floride, l'autre au Canada, mais ils avaient pris chacun un avion dès que je leur avais expliqué la situation. Leur présence fut déterminante. Ils se tenaient à mes côtés quand j'alignai la série d'échographies sur le verre dépoli lumineux qui avait été installé à ma demande dans la salle des délibérations. Bowley et Hoocker se relayèrent pour décrire l'évolution de la grossesse de Mary Browning. Dès le troisième cliché on distinguait nettement deux fœtus placés tête-bêche, et à l'aide d'une loupe on pouvait affirmer que les jumeaux étaient tous deux de sexe masculin. La radio suivante le confirmait pleinement. L'évolution des deux entités était compromise sur la cinquième échographie : il semblait qu'un des fœtus, celui qui se tenait la tête vers le sol, ne se développait plus et que même il régressait. Les derniers examens en donnaient l'explication : l'un des jumeaux avait, de manière terrible, pris l'ascendant sur son double et s'était mis en devoir de l'absorber, de s'en nourrir.

Aucun des participants ne fut capable d'émettre le moindre son quand le professeur Bowley détailla la dernière radio, effectuée quinze jours avant l'accouchement, et qui ne montrait plus qu'un fœtus resplendissant.

- Ce processus d'adelphophagie, par lequel un seul embryon arrive à terme, après avoir absorbé la substance du ou des autres embryons qui se sont développés avec lui, est assez fréquent dans certaines espèces animales comme les prosobranches, mais d'une très grande rareté chez les humains...

Il ressortit des discussions passionnées qui suivirent son exposé que personne, en l'état des maigres connaissances concernant le sujet, ne pouvait affirmer que le fait pour Peter Browning d'avoir ingéré son frère n'avait pas eu sur son état psychique des conséquences désastreuses. L'exécution fut ajournée le soir même, et il ne faisait plus de doute qu'elle n'aurait jamais lieu.

Peter Browning eut connaissance, dès le lendemain, de la lourdeur de son passé intra-utérin par les journaux que les gardiens faisaient traîner dans le couloir de la mort, au mépris de toute réglementation. Il déchira son drap en fines bandes, dans le sens de la longueur, les tressa patiemment, et passa cette corde improvisée autour du cou du frère qui était en lui.

D'une genèse à l'autre...

JACQUES HASSOUN et ÉDITH WOLF

La Genèse décrit le commencement du monde. Elle se présente comme l'histoire universelle des origines et place le meurtre de Caïn dans ce temps originel. Confronter ce récit universel à un autre nous permettra d'entendre notre histoire dans une interprétation différente. Savoir si pour d'autres cultures le meurtre est présent dès la première confrontation humaine nous éclairera sur l'idée qu'on se fait ailleurs de la mort et des hommes et apportera une lumière nouvelle sur nos propres conceptions de ces réalités.

Nous avons choisi d'interroger la civilisation du Japon parce que ce pays fut longtemps considéré chez nous comme la plus lointaine des terres. Projetés dans la modernité au XIXe siècle, tout en conservant des structures sociales et familiales archaïques, les Japonais, inscrits de toute évidence dans la technicité, nous sont - à suivre S. Tomkiewicz - plus étrangers que les Africains qui usent d'instruments aratoires primitifs et continuent à forger leurs outils de la même manière que leurs ancêtres ont pu le faire à l'aube de l'humanité.

Lacan, au retour d'un voyage au Japon, affirme que les Japonais sont inanalysables... Certains ont pu alors considérer qu'il se référait au fait que l'usage de l'idéogramme interdit le travail sur le signifiant tel qu'il l'entendait. Pour ma part, je serais tenté d'ajouter que cet impossible se réfère aussi à la conception que se font les Japonais du lien social et de ce qui le constitue.

Ainsi, l'écriture de l'un des mythes fondateurs de la

civilisation[1] - le meurtre (et son aveu) - serait comme contourné dans la culture japonaise et remplacé par le récit de l'instauration de *rapports de vassalité*. Notons que le texte de ce mythe a été établi au Japon au VIIIe siècle de l'ère chrétienne, c'est-à-dire dix-sept siècles après que les rédacteurs yahvistes eurent élaboré la Bible dans sa forme canonique.

Il est remarquable de constater que ce passage à l'écriture coïncide dans les deux cas avec le règne d'une nouvelle dynastie. C'est ainsi que le récit biblique qui met en scène Caïn et Abel est rédigé lors du règne du roi Salomon, qui étendait son influence économique et politique du nord de la Syrie au Yémen et à l'Arabie et de l'Éthiopie au littoral indien. Roi bâtisseur, centralisant le culte judaïque à Jérusalem, Salomon représente celui qui a su unir pour la première fois de leur histoire les douze tribus hébraïques autour du trône et du Temple.

Ce royaume pacifique succédait à une longue période de violences qui, à en croire les livres de Josué, des Juges ou de Samuel I et II, avaient opposé les tribus hébraïques entre elles quand elles ne guerroyaient pas avec les populations environnantes. Lors de la rédaction de ce mythe qui faisait partie de l'héritage culturel des tribus, les scribes ne pouvaient ignorer ce fait. Aussi ont-ils choisi de placer à l'aube de l'humanité cet acte de violence inouï, dans un contexte de tensions au sein de la société. Mais le récit du meurtre d'Abel par Caïn, qui fait partie du fonds culturel des trois grandes religions monothéistes, n'est pas de pure circonstance. Il transcrit dans sa vérité le mythe d'un meurtre premier, fondateur des notions de culpabilité et de faute - et non pas de punition aveugle qui relève de la rétorsion - l'ensemble étant au principe de ce qui fonde le lien social.

Une tout autre démarche, nous le verrons dans les pages

qui suivent, commande l'élaboration du mythe des frères ennemis au Japon. La réconciliation est possible à la condition qu'il y ait assujettissement de l'un à l'autre. Bien plus, avant même que le conflit ne se noue, existe l'exigence de vassalité, de sorte que le sujet confronté à sa faute n'a d'autre solution que l'assujettissement extrême ou le suicide. Ici, la discontinuité que le meurtre et la sanction introduisent semble abolie au profit de la continuité... cependant que le mythe biblique de Caïn, en introduisant la reconnaissance de la faute, du crime, articule les notions de discontinuité (le meurtre) et de continuité (qui se soutient de l'aveu).

Dans les pages qui vont suivre, le lecteur percevra cette différence structurelle fondamentale. Le Japon a considéré comme incompréhensible l'événement catastrophique de l'explosion atomique. Conçu comme un acte parfaitement effroyable, parfaitement énigmatique, le largage des bombes atomiques sur Hiroshima et Nagasaki semble n'avoir pu être entendu par les Japonais comme une réponse à une guerre que rien ne semblait devoir arrêter. Pour la première fois dans leur histoire moderne, ils se trouvaient placés en position de *vassalité* et confrontés à la nécessité de mesurer la gravité de leurs actes, en particulier à l'égard des populations civiles en Corée, en Chine, en « Indochine » ou en Indonésie[2].

C'est à ce titre que nous avons jugé important de nous référer à la conception japonaise du mythe des frères ennemis, dans laquelle se reflète une difficulté radicale à concevoir que les tensions et la violence font partie du sujet et ne sont pas de pures et simples crises clastiques isolées, individuelles et destructrices mettant à mal les rapports sociaux au sein de la Cité.

N'est-ce pas aussi l'une des raisons qui ont permis à Lacan de dire que « les Japonais ne sont pas analysables[3] » ?

JACQUES HASSOUN

*

Le Japon n'est plus aux antipodes. Le passage du temps l'a rapproché. Pour les penseurs du siècle des Lumières, les Japonais, habitant aux antipodes, étaient des êtres radicalement différents. Aux yeux de Rousseau, cette différence n'induit aucun jugement négatif mais, au contraire, place le Japon au-dessus de l'Europe du point de vue de la vertu. Plus proches du mode de vie de l'homme originel, moins éloignés de l'état de nature, les habitants des antipodes sont meilleurs que nous.

Il ne subsiste rien, dans la pensée commune, de cette conception positive qui attribue aux Japonais une supériorité morale. Il est possible que, percevant moins bien les différences entre le Japon et l'Occident, nous nous sentions la capacité, complètement illusoire, de prononcer un jugement. Les clichés actuels révèlent en tout cas un regard plutôt négatif sur les aspects de la mentalité japonaise qui ne sont pas compris de l'Occident.

Si l'on prend l'exemple célèbre des kamikazes, ces pilotes d'avions-suicides qui pendant la Seconde Guerre mondiale acceptaient de mourir pourvu que leurs ennemis soient tués, on observe deux types de réactions occidentales, aussi peu fondées l'une que l'autre. La première, qui est celle du redoutable « bon sens », fait appel à la notion de « folie collective » et invoque un fanatisme nationaliste. La seconde, diabolisant ce qu'elle ne peut comprendre, condamne la civilisation qui produit de telles « aberrations », la qualifiant de cruelle et l'accusant de faire bon marché de la vie humaine. Aucune de ces deux attitudes ne constitue une tentative d'explication ni de compréhension. On se borne à rejeter ce qu'on ne comprend pas dans un ailleurs marqué négativement, la folie ou le mal.

Il faut retrouver l'attitude des penseurs du XVIIIe siècle, il faut revenir à l'idée des antipodes pour entendre ce que le Japon nous dit du meurtre, de la rivalité fraternelle et du pouvoir. C'est dans cette perspective qu'une comparaison entre l'histoire de Caïn et Abel et un récit mythique du Japon pourra être éclairante. Il existe en effet, dans cette dernière tradition, une histoire qui offre avec celle de la Bible de nombreuses ressemblances. Elle se place aux origines du monde et raconte une rivalité fraternelle. Deux frères, issus du couple primordial, ont reçu chacun un don figuré par un objet. Le cadet a le « don de la montagne », le bonheur à la chasse : un arc et des flèches. L'aîné possède un hameçon, le « don de la mer », qui lui garantit une bonne pêche. Bientôt, le cadet chasseur désire faire un échange avec son frère et demande à celui-ci qu'il lui prête l'hameçon. L'aîné se laisse convaincre. Mais quelque temps plus tard, tous deux s'aperçoivent qu'ils ne prennent rien et que leur première condition leur convenait mieux. L'aîné demande au cadet de lui rendre l'hameçon, mais celui-ci l'a perdu. Il offre à son frère d'autres hameçons mais l'aîné les refuse : il veut récupérer l'objet prêté. Le cadet, désespéré, s'assoit au bord de la mer et pleure son malheur. Un jeune homme apparaît et lui propose, pour l'aider, une sorte de bateau en bambou sur lequel le héros s'embarque et qui le conduit sous les mers au palais du roi Dragon. Ce personnage soumet le héros à trois épreuves. Les ayant réussies, celui-ci épouse la fille du roi des Mers et vit heureux.

Pourtant, quelque temps plus tard, il semble tourmenté et finit par avouer la perte de l'hameçon. On découvre l'objet dans le ventre d'une dorade qui l'avait avalé et se sentait fort malade depuis. L'hameçon est rendu au jeune homme qui reçoit en outre de son beau-père deux talismans, dont l'un commande le flux et l'autre le reflux des eaux. Revenu sur terre, il se trouve en butte à la jalousie de son frère qui lui en veut de sa réussite et le poursuit de sa colère. Pour venir à bout de lui, le cadet utilise le premier talisman et engloutit son frère dans la mer jusqu'à la tête. Ce dernier est alors obligé de se soumettre et le cadet provoque magiquement le reflux. Désormais l'aîné et sa descendance auront pour tâche de se tenir devant le palais du cadet, premier empereur du Japon, et d'y accueillir les fonctionnaires par des cris semblables à des aboiements.

La situation finale montre donc la soumission de l'aîné au cadet. Cette répartition des rôles révèle la fonction du mythe. Cette histoire, comme l'ensemble des récits mythiques japonais, a été mise par écrit au début du VIIIe siècle à l'instigation de la famille impériale, qui a refondu la tradition légendaire orale pour légitimer son pouvoir. Dans le mythe que nous venons de lire, cette légitimation est double : d'une part l'aîné reconnaît la souveraineté du cadet, d'autre part les deux frères ont pour aïeule la divinité solaire, ce qui crée un lien entre le pouvoir des dieux et celui de l'empereur. Il n'y a pas vraiment de fondation au sens occidental du terme, acte premier qui inaugurerait une ère nouvelle et marque une rupture ; il s'agit plutôt d'une révélation de la continuité entre l'ancien pouvoir et celui d'aujourd'hui, entre la divinité et la royauté. L'histoire du Japon illustre dans les faits cette primauté de la continuité sur la rupture puisque l'actuel empereur du Japon est un descendant du héros de notre récit.

Malgré cette particularité de la fonction du mythe japonais, il reste suffisamment de points de convergence pour que la mise en regard des deux histoires reste fructueuse. Une rivalité oppose deux frères issus du couple primordial. Chacun représente une activité économique. L'aîné pêche, le cadet chasse, comme Caïn cultive la terre et Abel élève des bêtes. Le plus jeune fait l'objet d'une sorte d'élection divine qui justifiera sa domination et celle de sa descendance. Toutefois ces ressemblances ne peuvent faire oublier qu'il manque dans le récit japonais ce qui constitue pour nous l'essentiel de l'histoire de Caïn et Abel : le meurtre. Ce meurtre a été remplacé par l'acte de soumission de l'aîné au cadet. On peut proposer deux explications à cette divergence.

La première, qui ne s'enracine pas dans la spécificité de la pensée japonaise, se réfère à la fonction de ce mythe, qui est de justifier la souveraineté d'un chef. Le vaincu, lorsqu'il se soumet, reconnaît au vainqueur le droit de le dominer, ce que sa mort rendrait impossible. La légitimation ne s'établit pas sur la suppression de l'adversaire mais sur sa soumission.

Par ailleurs l'idée que se font les habitants des antipodes du meurtre et de la mort fournit d'autres explications à cette divergence des histoires. Ôter la vie ne constitue pas le crime des crimes parce que la mort n'est pas une séparation aussi absolue qu'en Occident. Elle est plutôt une disparition progressive de l'âme, qui se dissout dans les ténèbres. Après un certain laps de temps, l'âme individuelle se fond dans le cosmos. Les domaines de la vie et de la mort, de l'humain et du divin, sont perméables.

Nous concevons la destinée individuelle comme un axe vertical orienté de bas en haut, du passé vers le futur par un destin qui nous conduit de la naissance à la mort puis à l'au-delà, et l'histoire collective suit un trajet identique puisqu'elle mène de la naissance du monde, puis du Christ, au jugement dernier. Notre conception positive du progrès n'est qu'une transposition laïque de la vision chrétienne du destin, où la science a pris la place de Dieu. La figuration spatiale de la conception japonaise de l'histoire donnerait, elle, un trajet horizontal, sans point d'aboutissement. On ne se figure pas sa vie comme une trajectoire qui va d'un point à un autre et, s'il existe bien après la mort un lieu paradisiaque pour récompenser une existence passée à accomplir le bien et une sorte d'enfer pour punir une vie mauvaise, cette conception - qui vient de la tradition bouddhiste - ne représente pas une finalité absolue puisque ces deux états sont provisoires et constituent de simples étapes. Tout est graduel et progressif. Les événements sont liés entre eux mais il n'y a pas de finalité utile, la continuité est présente mais ne tend pas vers un but. L'influence de la pensée indienne au Japon a renforcé cette idée que les faits sont liés : le filet d'Indra recouvre toute chose et représente les liens de causalité existant entre les phénomènes. Le tissu du monde est un.

Ce mode de pensée peut expliquer l'attitude du Japon par rapport à l'histoire de la Seconde Guerre mondiale. L'explosion des bombes atomiques tombées sur Hiroshima et Nagasaki est apparue aux Japonais comme une catastrophe absolue. Ce phénomène, sans durée à cause de sa sidérante rapidité, sans précédent - ce fut la première et dernière utilisation de l'arme atomique -, meurtrier et irrévocable, leur reste incompréhensible. Si l'on se rappelle que la pensée et l'histoire japonaises sont dirigées par la notion de continuité, on mesurera à quel point un fait qui présente tous les caractères de l'absolu est inconcevable. Certes, les Japonais comprennent les arguments américains : le Japon a attaqué les États-Unis, une prolongation de la guerre dans le Pacifique aurait coûté plus de vies humaines que le recours à l'arme atomique. Mais le caractère absolu du fait dont ils ont été les victimes l'exclut de tout système d'explication, il échappe à la pensée. S'ajoute à cela une interrogation. Pourquoi le Japon précisément a-t-il été visé ? Pourquoi pas l'Allemagne ? Faute de trouver des réponses à ces questions, les Japonais se trouvent confrontés à l'absurde.

Ici, l'on peut comprendre la différence entre les attitudes allemande et japonaise vis-à-vis de leur rôle dans la Seconde Guerre mondiale. Si l'Allemagne a pu se reconstruire une identité au prix d'un travail sur ce qu'a été le nazisme, c'est parce qu'il s'agissait du résultat de son évolution interne, d'une création de sa propre histoire, et elle a pu le relier à ce qui l'a précédé pour l'inclure dans un possible avenir. Au Japon, l'événement est venu de l'extérieur et n'est pas le fruit d'une évolution. Il a rompu le fil, la continuité de l'histoire. Ainsi, pas plus au temps mythique des commencements que dans la période la plus récente, le Japon ne conçoit de meurtre fondateur, puisque la notion de meurtre comme rupture et celle de fondation comme inauguration d'une ère nouvelle sont étrangères à une pensée de la continuité. Caïn n'a pas survécu à son voyage aux antipodes.

ÉDITH WOLF

Le texte ci-dessus a été écrit à partir de propos recueillis auprès de Josef Kyburz, ethnologue, chargé de recherche au CNRS *et à l'Institut des hautes études japonaises du Collège de France.*

notes

1. Ce mythe, à suivre Freud, se réfère au meurtre du père tout-puissant de la horde primitive... ou au fratricide (mis en scène par la Bible) qui en serait l'équivalent déplacé.

2. À contrario, les Allemands (même ceux qui les déplorent ou les condamnent) ont entendu le sens des bombardements massifs de villes comme Dresde, parfaitement inutiles du point de vue stratégique.
3. Ici une référence à la pulsion de mort telle que Freud l'a élaborée et que Lacan a reprise à son compte pourrait être rappelée : pour les analystes, la pulsion de mort fait partie du vivant et s'intrique de ce fait aux pulsions dites « érotiques ». C'est uniquement quand s'opère une désintrication pulsionnelle, quand « semble s'oublier » la partie vivante et productrice de la pulsion de mort, que celle-ci se déchaîne littéralement et devient pulsion de destruction. On pourrait supposer que dans la culture japonaise - et une grande partie de sa production littéraire et artistique en témoigne - il est soit de l'harmonie absolue, soit une fascination pour la destruction radicale.

biographie des auteurs

FRÉDÉRIC BOYER

Écrivain. Derniers titres parus : *L'Ennemi d'amour*, POL, 1996, *Arrière fantôme*, POL, 1996 et *Dieu, le sexe et nous*, POL, 1996.

DIDIER DAENINCKX

Écrivain. Derniers titres parus : *Un château en Bohême*, Gallimard « Folio », 1996 et *Nazis dans le métro*, La Baleine, 1996.

JACQUES HASSOUN

Psychanalyste et écrivain. Derniers ouvrages parus : *La Cruauté mélancolique*, Aubier, 1995 et *Le Passage des étrangers*, Austral, 1995.

PASCALE HASSOUN

Psychanalyste. Directrice de publication de la revue *Chè Vuoi* ? Auteur de nombreux articles parus dans des revues de psychanalyse.

JEAN-JACQUES MARIE

Professeur de lettres. Auteur d'ouvrages sur le stalinisme. Derniers titres parus : *Les Peuples déportés d'Union soviétique*, Complexe, 1993, *Staline*, Que sais-je, 1995 et *Les Derniers Complots de Staline*, Complexe, 1996.

SHMUEL TRIGANO

Maître de conférences à Paris X-Nanterre. Derniers ouvrages parus : *Philosophie de la loi*, Le Cerf, 1991 et *Un exil sans retour. Lettres à un juif égaré*, Stock, 1996.

Édith Wolf

Professeur de lettres ; auteur, sous le nom d'Édith Heintzmann, de différents ouvrages aux éditions Nathan, notamment des grammaires et d'une collection consacrée à des « Récits du monde ». *La Disparition du kabbaliste* est parue aux éditions Gil Wern, en 1995. Membre de la Société de Mythologie française.

DÉJÀ PARUS DANS LA COLLECTION
Figures mythiques

Lancelot
dirigé par Mireille Séguy

K.
dirigé par Éric Faye

Salomé
dirigé par Mireille Dottin-Orsini

Robinson
dirigé par Lise Andries

Emma Bovary
dirigé par Alain Buisine

Achevé d'imprimer en janvier 1997 sur les presses de l'imprimerie Corlet
à Condé-sur-Noireau (Calvados) pour le compte des Éditions Autrement,
17, rue du Louvre, 75001 Paris. Tél. : 01.40.26.06.06. Fax : 01.40.26.00.26.
N° d'imprimeur : 20986. ISSN : 1269-9241. ISBN : 2-86260-690-1.
Dépôt légal : janvier 1997.